Simeon Wade

Foucault in Kalifornien

Simeon Wade

FOUCAULT IN KALIFORNIEN

Wie der große Philosoph
im Death Valley zum
ersten Mal LSD nahm –
eine wahre Geschichte

Mit einem Vorwort von Heather Dundas
und einem Essay von Kai Sina

Aus dem Amerikanischen
von Tino Hanekamp

Kiepenheuer & Witsch

VORAB

In seinem Buch *The Lives of Michel Foucault* zitiert David Macey Foucault, wie er nostalgisch von einem »unvergesslichen Abend auf LSD« berichtet, eingenommen »in sorgfältig dosierter Menge, in der Wüstennacht, mit vorzüglicher Musik, netten Leuten und etwas Chartreuse.« Dieses unvergessliche Erlebnis ereignete sich 1975, als Foucault, damals Gastprofessor in Berkeley, mit einem Assistenzprofessor der Claremont Graduate School und dessen Freund, einem Pianisten, einen Ausflug ins Death Valley machte. Dort angekommen überredeten ihn die beiden jungen Männer, die Wüstennacht unter dem Einfluss einer psychedelischen Droge zu erleben. Es war Foucaults erste Erfahrung mit LSD, und als der Morgen graute, verkündete er angeblich unter Tränen, nun die Wahrheit zu kennen.

Zum ersten Mal hörte ich diese Geschichte 2014 als Doktorandin an der University of Southern California. Es fiel mir allerdings schwer zu glauben, dass ein Philosoph von der Bedeutung und Prominenz Foucaults sich die Zeit genommen haben sollte, mit zwei Fremden einfach so einen Ausflug zu machen. Und noch unglaubwürdiger fand ich, dass er sich im Alter von 49 Jahren mit diesen Typen auf ein LSD-Experiment eingelassen haben sollte. Mir schien die ganze Anekdote komplett absurd, und sie löste etwas zutiefst Verächtliches in mir aus. Ich hasste »Theorie«, und ich hasste Foucault, der all den Dünkel und die Arroganz der selbst ernannten akademischen Theorieelite zu verkörpern schien. Als ich erfuhr, dass Foucaults

Gastgeber im Death Valley, ein Mann namens Simeon Wade, ein unveröffentlichtes Manuskript über dieses Erlebnis in der Wüste geschrieben haben sollte, beschloss ich, ihn ausfindig zu machen. Ich wollte an Wades Aufzeichnungen kommen und sie benutzen, um eine Satire über bekloppte Akademiker in der Wüste zu schreiben.

Ich bearbeitete jemanden, der jemanden kannte, der Wades Adresse hatte. »Er ist ein Einsiedler«, sagt dieser Freund eines Freundes. »Er hat keinen Computer, nicht mal ein Telefon, und lebt quasi autark.«

Ich schrieb Wade einen Brief, in dem ich mich vorstellte und um ein Treffen bat. Er schickte eine Postkarte mit einem Datum, einer Uhrzeit und der Adresse einer Starbucks-Filiale in der Nähe seines Hauses in Oxnard, Kalifornien – etwa hundert Kilometer von Pasadena entfernt, wo ich lebe.

»Aber wie soll ich ihn erkennen?«, fragte ich meine Quelle.

»Keine Sorge, du erkennst ihn schon«, antwortete er.

Und das tat ich. Eine halbe Stunde nach der verabredeten Zeit, ich wollte gerade schon wieder los, ratterte ein fünfundzwanzig Jahre alter Pick-up auf den Parkplatz. Der Fahrer blieb einen Moment lang sitzen, um eine Zigarette aufzurauchen, dann raffte er ein halbes Dutzend Plastiktüten mit Lebensmitteln und eine Armladung Bücher zusammen und stieg aus. Er war groß und stämmig, trug ein stahlblaues T-Shirt, das halb aus seiner ausgebeulten Jeans hing, und eine smaragdgrüne Baseballmütze. Als er den Starbucks betreten hatte, kam er direkt auf mich zu, stellte die Einkaufstüten und die Bücher vor mir auf den Tisch, nahm seine Mütze ab und entblößte eine mit Altersflecken gesprenkelte Glatze.

»Sehr erfreut, dich kennenzulernen«, sagte er mit einem Hauch Texas im Akzent. Seine Worte waren so weich und geflüstert wie Gälisch, und ich erkannte mit einigem Schrecken, dass er keine Zähne hatte. »Ich habe dir ein bisschen Material mitgebracht und eine kalte Cola für die Heimfahrt.«

Er setzte sich und fing an Geschichten zu erzählen, die ich nicht so recht glauben konnte. Oh ja, er habe Michel Foucault mit ins Death Valley genommen. Foucault, sagte Wade, habe der Ausflug derart gefallen, dass er ihn als eines der wichtigsten Erlebnisse seines Lebens bezeichnete. Aber das war erst der Beginn ihrer Bekanntschaft: Foucault habe ihn noch mehrere Male besucht. Wade habe ihn an der Claremont Graduate School fürs Fernsehen interviewt. Foucault habe ihm in einem Brief geschrieben, dass er eine komplette frühe Fassung seiner *Geschichte der Sexualität* als direkte Folge seines Erlebnisses im Death Valley verbrannt habe. Bei einem seiner Besuche habe Foucault an einem Buch über Monster gearbeitet, »denn er dachte immer, er sei selbst ein Monster«.

Wade behauptete, er und Foucault seien bis zu dessen Tod Freunde geblieben – und dass es ein Foto aus dem *Time Magazine* gebe, das dies beweise. Als Foucault 1984 im Sterben lag, habe er seinen lieben Freund Simeon sogar in einem Brief gebeten, ihm mehr LSD nach Paris zu bringen. »Michel wollte auf einem Trip die Welt verlassen, wie Aldous Huxley«, sagte Wade.

Auf meine mit großen Augen vorgetragene Frage nach

dem Manuskript antwortete er mit einem brüsken »Yes.« Ja, er habe ein Buch über all das geschrieben, aber niemand habe es veröffentlichen wollen.

Ob ich es sehen dürfe?

Wade sah mich misstrauisch an. Seine Manuskripte habe er eingelagert, zusammen mit den Fotos und Briefen von Foucault. Es sei schwer, an sie ranzukommen. Eines Tages, sagte er, würde er sie mir zeigen. Wenn ich wiederkäme. Und er sie finden könne. Vielleicht.

Also würde er sich noch mal mit mir treffen?

Das würde er. Wir vereinbarten einen Termin für den folgenden Monat.

In der Zeit bis zu unserem nächsten Treffen versuchte ich, den Mann und seine Geschichten zu verifizieren. Ich fand heraus, dass Wade 1940 in Enterprise, Alabama geboren worden war. Er hatte 1962 am College of William and Mary seinen Bachelor of Arts in Geschichte gemacht und war dann mit einem Woodrow-Wilson-Stipendium an die Harvard University gegangen, wo er 1968 über die Geistesgeschichte der Westlichen Zivilisation promoviert hatte. 1972 nahm Wade an der Claremont Graduate School eine Stelle als Assistenzprofessor an und gründete dort mit anderen ein Doktorandenprogramm für Europäische Studien. Fotos von Wade aus dieser Zeit zeigen einen erstaunlich gut aussehenden Mann – groß, athletisch, immer in Anzug und Krawatte gekleidet.

Das Programm für Europäische Studien war nur von kurzer Dauer, wie offenbar auch Wades Karriere an der Claremont. Und an diesem Punkt fransten die Angaben zu Wades Werdegang aus. Ich fuhr an die Claremont

Graduate School, um nach Video-Aufzeichnungen oder irgendwelchen anderen archivarischen Beweisen für Foucaults Besuch zu suchen, oder auch nur nach Vermerken über Simeon Wades Lehrtätigkeit. Das Ergebnis war ernüchternd. In den Archiven der Hochschule stand nichts über den Besuch, und über Wades Arbeit fand ich lediglich etwas, als ich mich durch alte Ausgaben der Studentenzeitung wühlte.

Im darauffolgenden Monat fuhr ich zurück nach Oxnard, wo ich wieder im Starbucks auf Wade wartete. Diesmal kam er mit leeren Händen, aber nur zwanzig Minuten zu spät, und er wollte über den großen Wert bewusstseinsverändernder Erfahrungen reden.

»Sämtliche Kulturen sind aus halluzinogenen Pilzen erwachsen«, sagte er. »Denken Sie mal darüber nach. Die alten Griechen, die Azteken, die Wikinger – sie alle hatten Rituale, die auf einem von Pilzen ausgelösten veränderten Bewusstseinszustand basierten. Und ist nicht jedes Ritual eine Art Religion? Und ist nicht jede Religion eine Art Kultur?«

Oh Mann, dachte ich. Die Satire schreibt sich ja quasi von selbst.

Ich bat um ein weiteres Treffen im Monat darauf.

Wades zentrales Thema war Foucault. Er hielt Foucault für den »größten Denker unserer Zeit, vielleicht aller Zeiten. Ihn mit jemand anderem zu vergleichen ist, als würde man bei Sonnenschein eine Kerze anzünden.« Wade hatte ein enzyklopädisches Wissen über Foucaults Werk, und er nannte seine Freundschaft mit dem Philosophen den zweiten großen Glücksfall seines Lebens.

Der erste große Glücksfall im Leben des Simeon Wade, so erzählte er mir, war die dritte Person auf dem Trip mit Foucault ins Death Valley: der Pianist Michael Stoneman. Wade begegnete Stoneman 1974, und sie blieben bis zu Stonemans Tod im Jahr 1998 ein Paar. Ihr offenes Zusammenleben sorgte anscheinend für einige Ablehnung im konservativen, kleinstädtischen Claremont der Siebzigerjahre; Wades Bruder, David Wade, den ich sehr viel später kennenlernte, beschrieb das so: »Simeon hat sich nicht einfach nur geoutet; er kam wirklich endlich zum Vorschein!« David erzählte mir von Simeons und Michaels gemeinsamer Liebe zur Musik, und wie sie einst im Wohnzimmer eines der Häuser, in denen sie über die Jahre gelebt hatten, zwei Flügel Kopf an Kopf aufgestellt hatten, um zusammen Arensky-Duette spielen zu können.

Wade und ich trafen uns immer wieder, und irgendwann fing er an, sich zu öffnen und mich hinter die Maske des Foucault-Freundes blicken zu lassen. Er erzählte, dass er in Harvard Kontakt zu Timothy Leary gehabt hatte, für den sich alles »um Orgasmen gedreht« habe. Er sprach darüber, welchen Repressalien man ausgesetzt gewesen sei, wenn man sich in der akademischen Welt der Siebzigerjahre nicht konform benahm. Die Leute hätten das Gerücht verbreitet, er sei Drogendealer. »Sie sagten, wir würden Orgien veranstalten. Für sie war ich ein Verrückter.« An eine Karriere an der Claremont Graduate School sei nicht zu denken gewesen. Er deutete an, dass er und Michael eine ziemlich harte und dunkle Zeit durchgemacht hätten, nachdem er Claremont verlassen hatte.

Eine Zeit lang führten sie gemeinsam eine Galerie, dann bekam Wade immer öfter befristete Lehraufträge in der Gegend um Los Angeles. Auch wenn er nie wieder eine unbefristete Stelle hatte, unterrichtete Wade an der California State University in Northridge, an der Belmont Prep, der Samra University of Oriental Medicine, dem Thao Healing Arts Center und der berüchtigten Pacific Western University. Am längsten hielt die Bindung mit dem Otis Art Institute der Parsons School of Design, wo er über einen Zeitraum von sechzehn Jahren Geschichte und Kunstgeschichte lehrte. Schließlich nahm er einen Job als psychiatrischer Krankenpfleger am County/USC Medical Center an, weil er »mit echten Verrückten arbeiten wollte«. David Wade zufolge steckten Simeon und Michael zu dieser Zeit in immer bedrohlicher werdenden finanziellen Nöten. Vielleicht deswegen, oder *auch* deswegen, waren beide Männer physisch, aber auch psychisch nicht in stabilster Verfassung. Stoneman starb 1998 mit 47 Jahren an den Folgen seines Alkoholkonsums.

Trotz der Genauigkeit von Wades Erzählung fand ich nur wenige Beweise, die diese untermauerten. Erwähnungen der Freundschaft zwischen Foucault und Wade in wissenschaftlichen Publikationen waren rar, und die paar, die es gab, waren, bis auf einige Details in James Millers Biografie *Die Leidenschaft des Michel Foucault* aus dem Jahr 1993, grundsätzlich abschätzig. In seinem im gleichen Jahr veröffentlichten Buch *The Lives of Michel Foucault* fasst David Macey die generelle Ablehnung der Idee einer drogeninduzierten Epiphanie Foucaults so zusammen: »Berichte von denen, die behaupten, er habe ihnen erzählt, so eine Erfahrung hätte sein Leben verändert, sollten mit einer gewissen Skepsis behandelt werden; LSD-induzierte Einsichten haben die Tendenz, eher kurzlebig und illusorisch zu sein, als dauerhaft und real zu bleiben.« Immer mehr deutete darauf hin, dass eine jahrelange Freundschaft zwischen Foucault und Wade mehr auf Wunschdenken als auf Tatsachen beruhte. Vielleicht, dachte ich, ist Wade einfach nur ein alter, einsamer Mann, der grandiose Geschichten erzählt über diesen einen Moment des Ruhms in seinem Leben, als er einer prominenten Person ganz nah kam.

Doch nach und nach fand ich die Beweise. Ich stellte fest, dass es da tatsächlich ein Foto gab im *Time Magazine* vom 16. November 1981, auf dem Wade und Stoneman am Rande einer Konferenz im selben Jahr lachend mit Foucault zu sehen sind. Und nachdem wir uns etwa ein Jahr lang getroffen hatten, tauchte Wade eines Tages mit seinem Manuskript auf, *Foucault in Kalifornien*. Das Copyright war auf 1990 datiert, und Wade sagte, dass Foucault den Text gelesen und seiner Veröffentlichung zugestimmt habe, aber kein Verlag hatte sich an die Sache herangetraut – zu skandalös oder vielleicht auch zu befleckt durch die Verbindung zu Wade. »Das ist die letzte verbliebene Kopie«, sagte er. »Ich kann sie dir nicht geben.« Also fuhren wir zusammen in einen Copyshop, und er sah mir zu, wie ich die Seiten kopierte, eine nach der anderen.

WADES TEXT IST so schräg, wie ich es mir nur erhoffen konnte. *Foucault in Kalifornien* ist mit derselben Atemlosigkeit geschrieben, mit der mir Simeon beim Kaffee seine fantastischen Geschichten erzählte. Das Buch beschreibt, wie aus der ursprünglichen Idee zu einem »Experiment« mit Foucaults Verstand alsbald ein vorsätzliches Bacchanal wurde, mit Wade und Stoneman im Zentrum der Aktion. In Wades enthusiastischer Beschreibung seines dionysischen Streichs vermengen sich sakrale und populäre Referenzen: Die von Joanne Woodward 1957 im Film *Eva mit den drei Gesichtern* gespielte dissoziative Persönlichkeit vermischt sich mit der biblischen Eva, und Mussorgskys Hexensabbat von 1867 verschmilzt mit Stokowskis Interpretation in Disneys *Fantasia* aus dem Jahr 1941. Dieses Miteinander von Hoch- und Populärkultur, von Fantasie und *Fantasia,* vermittelt einen Einblick in Wades bivalentes Denken. Sein Schreibstil ist zugespitzt, seine Hingabe zu Foucault unerschütterlich.

Als ich das Manuskript endlich las, hatte ich meine ursprüngliche Idee zu einem Schlüsselroman über die Theoriebewegung bereits verworfen. Ich erkannte, dass dieses Gebiet bereits ausführlich bearbeitet worden war, satirisch und anderweitig, und zwar von Leuten, die für diese Aufgabe sehr viel besser geeignet waren als ich. Auch nach Foucaults Tod haben sich die Gelehrten weiter durch sein Werk gewühlt und Unmengen an Büchern und Artikeln produziert, und jede neue Übersetzung und Veröffentlichung einer Arbeit aus Foucaults gewaltigem Œuvre zog neue Debatten nach sich. Meine Gedanken zu Foucault sind unwichtig.

Zudem fing ich an, einiges von dem, was Wade mir erzählte, ernst zu nehmen. Obwohl Wades Gonzo-Text durchaus seine komischen Momente hat und es definitiv verlockend ist, sich über die Drogen, die im Spiel sind, lustig zu machen oder sie für eine Pointe zu benutzen – »wie Foucault sich in der Wüste LSD einwirft« –, wäre das eine Herabwürdigung dessen, was Wade (ganz sicher) und Foucault (womöglich) damals zu tun versuchten: das Bewusstsein erweitern und eine Grenzerfahrung erleben. Bis vor Kurzem war die doch sehr Siebzigerjahre-mäßige Vorstellung von einem, wie Wade es nennt, »magischen Elixier« zur Erweiterung des Bewusstseins so dermaßen aus der Mode, dass sie lächerlich wirkte. Doch jüngste Forschungen stellen diese Ablehnung psychedelischer Erfahrung infrage. Die Behauptung, dass die Effekte von LSD »kurzlebig und illusorisch« seien, steht derzeit auf dem Prüfstand, und der therapeutische Nutzen lange verunglimpfter Substanzen wird dieser Tage untersucht. Vielleicht ist Bewusstseinsveränderung mehr als (nur) ein Witz.

Letzten Endes und sehr zu meiner Überraschung verlor ich das Interesse daran, mich über Wade lustig zu machen. Stattdessen wurden wir Freunde und verbrachten schließlich sogar Geburtstage und Urlaube zusammen.

Doch noch immer war ich nicht vollkommen davon überzeugt, dass sein Text mehr war als das Produkt einer extrem fruchtbaren Einbildungskraft. Anfang 2016 fand Wade – für mich zu der Zeit schon »Simeon« – dann ein Magazin mit Fotos vom Death-Valley-Trip. Da war Foucault, den Arm um den oberkörperfreien Michael Stoneman gelegt, grinsend am Dante's View. In einer anderen Aufnahme blickt Foucault am Zabriskie Point in die Ferne. »Da war er gerade völlig drauf«, sagte Simeon.

Die Bilder waren atemberaubend, aber vor allem lieferten sie endlich den Beweis dafür, dass dieser Ausflug wirklich stattgefunden hatte. Noch dazu zeigten mehrere Fotos Foucault in Simeons und Michaels Haus in Claremont und stützten so Simeons Aussage, dass Foucault sie danach noch mindestens einmal besucht hatte. Diese Schnappschüsse bewiesen, was Simeon behauptet hatte: Er und Foucault waren Freunde.

An diesem Punkt fing ich an, Simeon zu bearbeiten, mir ein offizielles Interview zu geben. Er brauchte mehr als ein Jahr, bis er endlich einwilligte. Als dieses Interview und einige der Fotos im September 2017 im Online-Magazin *Boom California* erschienen, fuhr ich nach Oxnard, um Simeon das Stück auf meinem Laptop zu zeigen, da er noch immer keinen eigenen Computer besaß.

Wir trafen uns an einem Freitag, wie gewöhnlich. Er kam zu spät, natürlich.

Am darauffolgenden Dienstag, am 3. Oktober 2017, starb Simeon unerwartet im Schlaf. Er war 77 Jahre alt.

ALS SIE SEINE Hinterlassenschaften durchgingen, entdeckten David Wade und seine Frau Nancy Pobanz die Briefe von Foucault, von denen Simeon gesprochen hatte, die er aber nie hatte finden können. Diese Briefe offenbaren, dass Foucault die Nacht im Death Valley tatsächlich als »eine große Erfahrung, eine der wichtigsten meines Lebens« (14. Mai 1975) bezeichnet hatte – und dass er Simeons Manuskript gelesen und positiv darauf reagiert hatte, wenn auch verklausuliert:

Comment aurait-il été possible de ne pas aimer toi *

Simeon
Death Valley Trip
Épistémè la gris

(16. September 1978)

Andere Briefe bestätigen, dass Foucault darüber nachdachte, in seinem Leben größere Veränderungen vorzunehmen – »Ich habe das Gefühl, ich sollte auswandern und Kalifornier werden« (30. Mai 1975) –, und belegen, dass Foucault und Simeon bis 1984 in Kontakt waren, dem Jahr, in dem Foucault starb. (Bedauerlicherweise fanden David Wade und Nancy Pobanz nicht Foucaults Manuskript über Monster. Und sie fanden auch nicht den Brief, in dem er Simeon und Michael bat, nach Paris zu kommen, um ihm beim Sterben zu helfen.)

Während ich das hier schreibe (Mitte 2018), sind Simeons Unterlagen in meinem Haus gestapelt und stehen kurz davor, in das ONE National Gay and Lesbian Archiv der University of Southern California eingepflegt zu werden. Und die posthume Veröffentlichung von Foucaults *Die Geständnisse des Fleisches* (2018), dem vierten und letzten Band von *Sexualität und Wahrheit* – Foucault hat ihn nach seiner Begegnung mit Simeon geschrieben, möglicherweise von ihrer Freundschaft beeinflusst –, macht

* Foucault schrieb: »Wie wäre es möglich gewesen, dich nicht zu lieben [?]« Was das »Épistémè la gris« angeht: Hier sollten Foucault-Forscher das letzte Wort dazu haben, was er damit gemeint haben könnte.

die Veröffentlichung von Wades Manuskript *Foucault in Kalifornien* zeitlich besonders passend. David Wade und Nancy Pobanz fanden einen Brief, den Foucault ein paar Monate nach dem Death-Valley-Trip verfasst hatte, und in dem er schreibt, dass er mit seinem »Buch über sexuelle Repression« noch mal »von vorn beginnen« musste (5. Oktober 1975).

Auch wenn Simeon zu alt und ich zu schwerfällig war für meinen eigenen Death-Valley-Trip, organisierte er einmal eine »Erfahrung« für mich. Er setzte mich in seiner überfüllten Wohnung eines Sammelwütigen vor einer Bücherwand auf einen Stuhl und gab mir einen großen Milchschokoladenriegel. Das gefiel mir gar nicht: Ich mag weder Unordnung noch Milchschokolade, es wurde spät und ich dachte an meine Heimfahrt im Dunkeln. Simeon verschwand hinter der Wand und begann, eine Chopin-Etüde zu spielen. Im dämmrigen Licht des vergehenden Tages war meine Welt reduziert auf den Anblick der Bücher und den Klang des Klaviers. Es war … nicht unbedingt entspannend, aber womöglich berauschend. An einer besonders entzückenden Stelle rief Simeon: »Und jetzt iss die Schokolade!«

Natürlich war diese Erfahrung nur ein Schatten des eindringlichen Ereignisses, das Wade für Michel Foucault im Death Valley kuratiert hatte. Doch Milchschokolade bringt für mich seitdem immer den Nachklang Chopins und die Erinnerung an einen Freund mit sich, und das macht mein Leben reicher. Außerdem verstehe ich jetzt, wie ein »Abend auf LSD, in sorgfältig dosierter Menge, in der Wüstennacht, mit vorzüglicher Musik, netten Leuten und etwas Chartreuse« unter Umständen eine der wichtigsten Erfahrungen im Leben eines Menschen sein kann.

Foucaults Wüstennacht war ein Eintauchen in eine Erfahrung, die Wade sorgfältig auf den größtmöglichen Effekt hin choreografiert hatte. In seiner Dinner-Party bzw. Performance waren westliche Motive – von Schamanen, Visionssuchen, Männerfreundschaften – verwoben und verkehrt. Möglicherweise war diese absurde Nacht, verbracht mit einem LSD verteilenden »Verrückten« und seinem Stockhausen spielenden Partner, eine Art Verkörperung von Foucaults neu entstehendem Konzept von Freundschaft, einem Konzept, das er in einigen seiner letzten Interviews als eine Form der Ästhetik der Existenz beschrieb, der eine »Lebenskunst« innewohne. Auf diese Verbindung spielte Foucault an, als er Simeon am 14. Mai 1975 einen Brief schrieb und einen neuerlichen Besuch vorschlug, jedoch nur, wenn dieser gelegen käme: »Ich glaube, dass derartige Treffen keinen Sinn ergeben, wenn sie nicht allen Beteiligten einen intinsiven gegenseitigen Genuss und die gleiche Gelassenheit verschaffen. Wir müssen einen Weg finden, um mit dem *principe de plaisir* ein *principe de realité* zu erschaffen. Das ist, so scheint mir, ein ethisches und politisches Problem, das es heutzutage zu lösen gilt.«

Wades *Foucault in Kalifornien* erlaubt uns, mit auf diesen Death-Valley-Trip zu gehen. Möge es Ihr Leben bereichern.

Heather Dundas
Pasadena, Kalifornien

FOUCAULT IN KALIFORNIEN

Man denkt sich Platon und Aristoteles nur mit langen schulmeisterlichen Gewändern. Das waren umgängliche Leute, die wie die anderen mit ihren Freunden lachten. Und wenn sie daran Vergnügen gefunden haben, ihre Gesetze und ihre Staatslehren zu schaffen, so haben sie es spielend geschafft. Das war der am wenigsten philosophische und am wenigsten ernsthafte Teil ihres Lebens; der philosophischste war, einfach und ruhig zu leben.

Wenn sie über Staatskunst geschrieben haben, so war das, als wollten sie damit die Ordnung für ein Irrenhaus festlegen.

Und wenn sie sich den Anschein gegeben haben, darüber wie von etwas Großem zu sprechen, so, weil sie wussten, dass sie Irren, zu denen sie sprachen, sich für Könige und Kaiser hielten. Sie gehen auf deren Grundsätze ein, um deren Irrsinn zu einem Übel abzumildern, das so klein wie möglich sein soll.

Blaise Pascal, Gedanken

PROLEGOMENA

An einem Frühlingstag Mitte der Siebzigerjahre rief mich eine Kollegin an, um mir zu sagen, dass der unvergleichliche Michel Foucault an der University of California in Berkeley ein Seminar geben würde. Ich war überglücklich. Michel Foucault war mein Held, und endlich ergab sich eine Möglichkeit, ihn zu treffen. Man betrachtete ihn damals bereits als einen der bedeutendsten französischen Intellektuellen des 20. Jahrhunderts. Ich hingegen hielt Michel Foucault für nichts weniger als den größten Denker unserer Zeit, vielleicht aller Zeiten. Ihn mit irgendjemandem zu vergleichen wäre, als würde man bei Sonnenschein eine Kerze anzünden.

Neun Jahre waren vergangen, seit ich als Student der Geisteswissenschaften in Harvard Foucaults erste große Arbeit gelesen hatte, *Wahnsinn und Gesellschaft*. Das Buch begeisterte mich im höchsten Maße, nur war ich in meinem Denken noch nicht weit genug entwickelt, um seine gesamte Bedeutung und revolutionäre Tragweite zu begreifen. Die Professoren in Harvard waren mir dabei keine große Hilfe, denn viele von ihnen steckten in engstirnigen Spezialisierungen, infantilen Ideologien und obsoleten Methodologien fest.

Als ich in den späten Sechzigerjahren begann, in Harvard zu unterrichten, verfolgte ich noch immer einen hegelianischen Ansatz in Bezug auf Geschichte und Literatur. Dann las ich Foucaults *Die Ordnung der Dinge*. Ich verwarf den Hegel und verkündete meinen Studenten, dass Foucaults Konzept der Episteme für die

Humanwissenschaften so bedeutend war wie Watsons und Cricks Analyse der Doppelhelix für die Naturwissenschaften.

Nachdem ich 1975 *Überwachen und Strafen* gelesen hatte, wusste ich, dass Michel Foucaults Werk nichts weniger war als der entscheidende Wendepunkt in der modernen Geisteswissenschaft. Und als ich schließlich den *Anti-Ödipus* in die Hände bekam, verfasst von Foucaults Kollegen Gilles Deleuze und Félix Guattari, wurde mir klar, dass die drei gemeinsam die dringlichste Frage unserer Zeit beantwortet hatten: »Warum Faschismus, und wie können wir ihn verhindern?« So wie ich das sah, hatten Foucault und sein Kreis die Basis geschaffen, um herauszufinden, was wir wirklich wissen müssen über Verstand und Gesellschaft. Sie lieferten den Grundriss eines neuen, vor uns liegenden Zeitalters.

Ich war so verwandelt von Foucaults Werk, dass ich alles über sein Leben erfahren wollte. Anfangs stammten sämtliche Informationen, die ich über Foucault als Person besaß, aus dem kurzen Text, der auf dem Schutzumschlag von *Die Ordnung der Dinge* abgedruckt war.

Das Jahr 1969 verbrachte ich in Paris. Ich hatte eine Affäre mit einer Sorbonne-Professorin, und ich frage sie nach Foucault. Sie erklärte mir, dass er zu *dem* berüchtigten Kreis homosexueller Pariser Intellektueller gehörte. »Er ist einer von *ihnen*«, sagte sie verächtlich. Und doch ließ sie sich dazu herab, sein Werk zu respektieren. Auf meine Frage, ob sie Foucaults politische Ansichten teile, antwortete sie, dass sie der Linken ausschließlich in Sachen Lifestyle nahestünde.

Ihre Hoheit verkündete mir außerdem, dass ich gar nicht erst versuchen solle, Foucaults *Archäologie des Wissens* zu lesen, das kurz zuvor in den Pariser Buchläden aufgetaucht war, da es meine Auffassungsgabe bei Weitem übersteige. Die Nachricht, dass Foucault offen homosexuell lebte, die Idee, dass seine Bücher zu kompliziert waren für einen sein Bestes gebenden amerikanischen Studenten, und seine Reputation als Fürsprecher der Pariser Studentenunruhen im Mai '69 fachten mein Interesse an ihm nur noch weiter an.

1970 wurde Foucault auf einen der prestigeträchtigsten Posten der akademischen Welt Frankreichs berufen. Man machte ihn zum Professor für die Geschichte der Denksysteme am Collège de France. Der Titel war buchstäblich für ihn geschaffen worden, für den einzigartigen Charakter seines Werks. In gewisser Weise war er der Erste, der Systemanalyse auf die Geschichte des Denkens anwandte.

Wir mögen Foucault als Systemanalytiker betrachten, als großen Philosophen, Historiker, Soziologen und Psychologen, er jedoch sah sich als Journalist. Er studierte die Vergangenheit nur, um die Gegenwart zu verstehen. Er analysierte die Geschichte des Verstandes, um die Macht der Diskurse zu erklären. Seine Auffassung, dass wir sind, was gesagt wurde, bringt seinen Ansatz in Bezug auf Geschichte und Humanwissenschaft auf den Punkt.

Im Laufe des kurzen Semesters am Collège de France hielt Foucault jeden Mittwoch seinen Vortrag, wobei er an einem leeren Tisch saß, der von einer einzelnen Lampe beleuchtet wurde. Der Saal war stets gefüllt mit aufmerksamen Studenten und Kollegen, viele von ihnen nahmen jede Vorlesung auf Tonband auf. Es war derselbe Saal, in dem der berühmte Philosoph Henri Bergson während der Proustischen Ära seine Vorlesungen gehalten hatte. Und wie bei Bergson musste man auch bei Foucault Schlange stehen, um in den Saal zu kommen. Es war immer ein Ereignis.

IM SELBEN JAHR, in dem Foucault seinen illustren Posten in Paris antrat, bekam ich einen kümmerlichen Job als Assistenzprofessor an der Claremont Graduate School, die im San Gabriel Valley liegt, am östlichsten und konservativsten Rand des Bezirks Los Angeles. Die Graduate School gehört zu einer Gruppe von Institutionen, die als Claremont Colleges bekannt sind. Sie befinden sich in einer bräsigen, kirchenfrommen College-Stadt, die wirkt, als hätte man sie aus dem Mittleren Westen nach Kalifornien transportiert. Ihre Fakultäten sind provinziell, die Verwaltung ist reaktionär und die meisten der Studenten sind wohlhabend und karrieristisch.

Damals war ich froh, die stickigen Hallen Harvards gegen die duftenden Weiten Kaliforniens eintauschen zu können. Ich war bereit, den Lebenswandel meines Alter Egos Jean-Jacques Rousseau zu übernehmen. 1972 kam ich an und zog mit einem Freund in eine abgelegene Hütte im Bear Canyon, der sich in den San Gabriel Mountains befindet, 1200 Meter über Claremont.

Innerhalb eines Jahres hatte ich an der Graduate School ein Programm für Europäische Studien eingerichtet und eine üppige Förderung vom National Endowment for the Humanities eingeworben. Ich hatte es als interdisziplinäres Programm verkauft, tatsächlich aber basierte es komplett auf der Arbeit von Foucault und seinem Kreis. Ich versuchte dem Mainstream der amerikanischen akademischen Welt die Methoden und Ideen der Pariser Vertreter jener »molekularen Revolution« zu injizieren, die man in den Sechzigerjahren in den USA »die Bewegung« nannte. So wie ich das sah, stellten Foucault und Deleuze der molekularen Revolution nicht nur das fortschrittlichste Denken zur Verfügung, sondern veränderten auch gleichzeitig unser Verständnis der Humanwissenschaften.

DIE FORMEL

Als ich erfuhr, dass Foucault in Berkeley unterrichten würde, witterte ich sofort die Möglichkeit, ihn nach Claremont einzuladen. Was für eine Chance, dachte ich. Wir würden dem großen Mann von Angesicht zu Angesicht begegnen. Seine Schriften würden uns klarer werden durch die schiere Präsenz ihres Erschaffers. Vielleicht würde sein Besuch sogar das Interesse der Weltöffentlichkeit auf unser Programm für Europäische Studien lenken und so dabei helfen, unseren kleinen avantgardistischen Außenposten in einer der reaktionärsten Regionen Kaliforniens zu stärken.

Aber wie sollte man eine derart prominente und gefeierte Person in eine unbedeutende College-Stadt locken? Bevor ich mich an den Versuch machte, ihm die Idee zu verkaufen, erstellte ich zunächst eine Liste mit den Dingen, die für uns sprachen. Ich würde ihm von dem Programm für Europäische Studien erzählen und alles daran setzen, dass unsere Hingabe für seine Arbeit und unser Engagement in »der Bewegung« ihn dazu bewegten, uns zu besuchen. Ich würde ein großzügiges Honorar auftreiben und ihm zum Zwecke seiner Unterhaltung eine Schar kalifornischer junger Männer versprechen. Und ich würde anbieten, ihm einige der landschaftlichen Sehenswürdigkeiten Kaliforniens zu zeigen.

Dann hatte ich einen Geistesblitz. Sollte es mir gelingen, Michel Foucault zu einem Besuch zu überreden, wollte ich ein Experiment durchführen. Ich heckte eine Formel aus, die, wie ich glaubte, eine wundersame intellektuelle Kraft erzeugen könnte, wie man sie nur aus der Science Fiction kennt, etwas in der Art eines Dr. Morbius in *Alarm im Weltall* oder wie das galaktische Wesen in der ersten Folge von *The Outer Limits*.

Und das war meine Formel: Erstens – nimm den größten Intellektuellen der Welt, den Mann, der über die allgemeine Auffassung »Wissen ist Macht« hinausgegangen ist und eine neue gefunden hat, nämlich »Macht erschafft Wissen«. Zweitens – versorge diesen Intellektuellen mit einem himmlischen Elixier, einem konsumierbaren Stein der Weisen, der das Potenzial hat, die Kraft des Gehirns in astronomischem Maße zu vergrößern; Verzauberung.

Ich würde die Rolle des Alchemisten übernehmen und das Experiment dokumentieren. Die Formel las sich so: Michael Foucault + der Stein der Weisen + Death Valley, Kalifornien + Michael Stoneman.

MICHAEL STONEMAN ist mein Lebenspartner und, nach eigener Aussage, »ein Komponist, Homosexueller und Raucher«. Er hat zahlreiche Interessen, unter anderem eine Vorliebe für alles Chinesische, vor allem die Sprache, die Religionen und magischen Kräuter Chinas.

Kurz nachdem wir uns an Thanksgiving 1974 begegnet waren, verkündete Michael, dass er mich in das Geheimnis der Dinge einweihen wolle. Er nahm mich mit ins Death Valley, eine überwältigende Landschaft aus Wüste und Bergen etwa dreihundert Kilometer vor Los Angeles, fast an der Grenze zu Nevada. Dort erlebte ich eine Art Verzückung und Erleuchtung, die ich nie für möglich gehalten hatte.

Nun ergab sich uns die Möglichkeit, Michel Foucault dasselbe Erlebnis zu verschaffen. Wie die zwei Gesichter Evas würden wir ihm die Frucht vom Baum der Erkenntnis anbieten.

Ich glaubte, dass ein Death-Valley-Trip Foucault die Art von Erleuchtungserlebnis verschaffen würde, die wir mit den strahlenden Lehrern der Vergangenheit assoziieren. Mir war klar, dass wir ein Risiko eingingen. Die Einverleibung des Steins der Weisen in einer derart zauberhaften Umgebung könnte dafür sorgen, dass beim größten Denker unserer Zeit die Sicherungen durchbrannten. Oder es könnte sich auch einfach gar kein Effekt einstellen.

Trotzdem hielt ich an der Erwartung fest, dass dieses Ereignis Foucault Erkenntnisse von derartiger Kraft eingeben würde, dass er danach eine veritable Revolution des Bewusstseins lostrat. Hatte nicht Artaud seine Feuerzunge erhalten, nachdem er mit den Tarahumara im Grand Canyon Mexikos Peyote-Trips genommen hatte? Und konnten wir von Michel Foucault nicht noch mehr, so viel mehr erwarten?

Wie sich herausstellen sollte, war meine Formel vielleicht ein bisschen größenwahnsinnig. Der Death-Valley-Trip hat nicht die Welt verändert, aber er hat Michel Foucault transformiert, der es die größte Erfahrung seines Lebens nannte. Als er wieder zurück in Paris war, schrieb er Mike und mir, dass er neu beginnen müsse. Der Death-Valley-Trip habe ihn vollkommen verändert. Er teilte uns mit, dass er nach seiner Rückkehr den kompletten zweiten Band von *Sexualität und Wahrheit* verbrannt und zudem die Pläne zu allen weiteren Büchern verworfen habe, die er in der ursprünglich auf sieben Bände angelegten Reihe veröffentlichen wollte. Er hatte vor, noch mal von vorne anzufangen.

Die Resultate dieses Neubeginns kann man in den letzten drei Bänden von *Sexualität und Wahrheit* sehen, die nach dem Death-Valley-Trip geschrieben wurden. Sie krönen sein Schaffen wie die *Ethik* das Werk von Aristoteles. Foucaults finale Botschaft an uns ist der unschätzbare Nutzen der »Ästhetik der Existenz«. Er lehrt uns, den verderblichen Codes der disziplinierten Gesellschaft zu entsagen und unsere Leben zu Kunstwerken zu machen.

Ich glaube, dass der Death-Valley-Trip für Foucaults *Ethik* von entscheidender Bedeutung war – er hat sie nicht nur ermöglicht, sondern auch ihren Inhalt beeinflusst.

ALS ICH VON Phyllis Johnson – Französisch-Professorin am Pomona College, Verbündete im Programm für Europäische Studien und liebe Freundin – erfahren hatte, dass Foucault nach Kalifornien kommen würde, rief ich noch am selben Nachmittag den Leiter der Französisch-Abteilung in Berkeley an. Er versicherte mir, dass Foucault den Auftrag in Berkeley angenommen habe, nur wisse man noch nicht, wann er ankommen und was er unterrichten würde, und auch nicht, ob er in Berkeley oder irgendwo sonst für öffentliche Vorlesungen zur Verfügung stünde. Er legte mir nahe, Foucault direkt in Paris anzuschreiben. Zu meiner Überraschung gab er mir seine Privatadresse, die ich mir über meinen Schreibtisch hängte, wie ein Mönch im Mittelalter die Route nach Rom in seine Zellenwand geritzt haben mochte.

Ich schickte Foucault ein kurzes Schreiben, in dem ich ihn nach Claremont einlud. Er antwortete kurz und knapp, dass er uns sehr gerne besuchen würde, aber da er weder seinen Terminplan noch seine Verpflichtungen in Berkeley kenne, müsse er bis zu seiner Ankunft in Kalifornien warten, bevor er irgendwelche Reisepläne machen könne. Er bat mich, ihn in Berkeley anzuschreiben.

Ich schrieb und schlug einen Ausflug ins Death Valley vor, den ich mit einer Zeile aus Artauds Bericht über dessen Peyote-Erlebnis mit den Tarahumaras illustrierte: »Außer Kraft gesetzt inmitten der Formen, auf nichts hoffend als den Wind.« Mein Brief enthielt zudem ausführliche Details über ein Programm aus Seminaren, Vorlesungen und Partys, das ich für Foucault geplant hatte. Angesichts dieses fordernden und törichterweise von mir vorgeschlagenen Zeitplans ist es rückblickend nicht weiter verwunderlich, dass Foucault mir keine Antwort schickte. Ich war am Boden zerstört.

IRVINE

Anfag Mai meldete sich Phyllis Johnson wieder bei mir und sagte, dass Foucault an der University of California in Irvine, etwa eine Autostunde von Claremont entfernt, eine Vorlesung halten würde. Diese Neuigkeit ließ sofort meinen Puls rasen. Ich würde ihn von Angesicht zu Angesicht mit meinem Anliegen konfrontieren und versuchen, ihn mit Aufrichtigkeit zu überzeugen.

Michael und meine beiden studentischen Mitstreiter Brit und Patti trafen mich vor dem Hörsaal. Wir hofften, einen Blick auf Foucault zu erhaschen, wenn er die Halle betrat. Brit packte mich am Arm und japste: »Da ist er!«

Und tatsächlich, da war er. Foucault. Energischen Schrittes ging er auf den Eingang zu. Er war um einiges kleiner und kompakter, als ich ihn mir aufgrund des strengen Porträtfotos auf dem Umschlag von *Die Ordnung der Dinge* vorgestellt hatte. Er hatte breite Schultern und ein rundes Gesicht mit Zügen, die belebter und angenehmer modelliert waren als auf dem Foto.

Kurz dachte ich, dass wir uns geirrt hatten, aber im nächsten Moment machte ich ein paar schnelle Schritte, die fast schon Sprünge waren, um einen besseren Blick auf ihn zu bekommen. »Ja, es ist Foucault!«, sagte ich zu Patti, die direkt hinter mir stand. Foucaults Augen hatten dieselbe laserstrahlartige Intensität wie auf dem Foto, und sein vollkommen haarloses Haupt war unverwechselbar. Bei näherer Betrachtung sah man mehrere zusätzliche Erhebungen auf seinem Schädel, die sich vom

Hirnstamm aus emporwölbten. Man musste kein Phrenologe sein, um darin die Folgen einer außergewöhnlichen zerebralen Mutation zu erkennen; hier hatte sich eine Art außerweltliches Superhirn Bahn gebrochen!

Der weiße Rollkragenpullover, den Foucault unter einem offenen Madras-Jackett trug, verriet einen kraftvollen Oberkörper mit wohldefinierten Konturen. Seine weißen Schlaghosen schmiegten sich eng um seine Hüften und Oberschenkel. Er sah eher aus wie ein Athlet als wie ein Akademiker. Offensichtlich verbrachte er nicht seine gesamte Zeit über einen Schreibtisch gebeugt.

Wir folgten ihm in den Saal und setzten uns in die zweite Reihe vor das Rednerpult. Während das Publikum hineinströmte, saß Foucault entspannt und aufmerksam da, ging seine Notizen durch und unterhielt sich mit dem Moderator, wobei er hin und wieder mit einem Lachen auf eine Bemerkung reagierte, die wir akustisch nicht verstanden. Gelegentlich ließ er seinen Blick schweifen und studierte die Gesichter in der versammelten Menge.

Nach einer kurzen Einführung, die aus den Worten »Michel Foucault« und dem darauffolgenden warmen Applaus bestand, trat der hohe Besuch aus Paris entschlossen an das Rednerpult. Ich hatte schon davon gehört, dass sich Foucault hartnäckig weigerte, Vorlesungen auf Englisch zu halten, und so war ich nicht überrascht, dass er auf Französisch aus seinen Aufzeichnungen vorlas.

Sein Vortrag über die stetige Zunahme des sexuellen Diskurses im Laufe des 19. Jahrhunderts war offensichtlich Teil des gefeierten Seminars, das er in jenem Jahr am Collège de France gegeben hatte. Er richtete seinen Fokus auf die allgegenwärtige und obsessive Verdammung der Masturbation in der medizinischen und religiösen Literatur. Sehr wahrscheinlich stammte die Vorlesung aus dem damals gerade fertiggestellten Manuskript des zweiten Bandes von *Sexualität und Wahrheit,* jenem Manuskript, das er später nach unserem Death-Valley-Trip und seiner Rückkehr nach Paris zerstören sollte.

Der Moderator informierte das Publikum, dass Foucault nur wenig Zeit habe, bis sein Flug zurück nach San Francisco ginge, also müsse er den Diskussionsteil auf wenige Fragen begrenzen. Nach einem kurzen Austausch mit dem Publikum schritt Foucault zügig zum Ausgang.

Ich brachte nicht den Mut auf, durch die ihn umgebende Entourage zu brechen, während er zur Tür geschoben wurde. Ich war verzweifelt, denn ich wusste, dass dies wohl meine letzte Chance sein würde, ihn zu dem Trip mit uns einzuladen. Plötzlich sauste Michael mit erstaunlicher Schnelligkeit in Foucaults Richtung, überwand den Pulk aus Bewunderern und verkündete in atemlosem Französisch, dass ich mit ihm sprechen wollte. Verdutzt von Michaels dreistem Vordrängen und verwirrt von einem Namen, den er nicht sofort erkannte, blieb Foucault lange genug stehen, dass ich zu ihm eilen konnte.

Ich war derart von Michaels geschicktem Manöver überrascht, dass ich nur meinen Namen und Claremont stammeln konnte, zwei Wörter, die ich dreimal wiederholte. Foucault, meine Taktlosigkeit ignorierend, erinnerte sich an meinen Brief und entschuldigte sich sogleich dafür, dass er nicht geantwortet hatte. »Ich befürchte, ich war unhöflich«, sagte er in tadellosem Englisch. »Aber ich habe so viele Termine im Zuge meines Aufenthalts in Kalifornien, dass ich wohl keine Zeit haben werde, nach Claremont zu kommen.« Dann schoben ihn seine Gastgeber weiter zum Ausgang, ich hielt jedoch meine Position an seiner Seite und stolperte den Großteil des Weges ungeschickt die Treppe hoch, während ich ihn dazu zu überreden versuchte, uns wenigstens für einen Tag zu besuchen.

Schließlich erreichten wir das Ende der Treppe. Foucault blieb unvermittelt stehen, drehte sich mit einem Lächeln zu mir um und sagte: »Aber wie soll ich denn das Death Valley sehen können, wenn ich nur einen Tag mit euch verbringe?«

Meine Hoffnungen stiegen und mit ihnen meine Sprachfähigkeit. »Dann kommen Sie doch gleich für drei oder vier Tage«, schlug ich vor. »Wir könnten ins Death Valley fahren, dort die Nacht und den nächsten Morgen verbringen und am Nachmittag rechtzeitig zurückfahren, damit Sie in Claremont Ihren Vortrag halten können. Die Fahrt vom Death Valley nach Claremont dauert nur ein bisschen mehr als vier Stunden«, fügte ich mit einem flehentlichen Lächeln hinzu.

»Wir werden sehen«, sagte er. »Rufen Sie mich morgen Nachmittag in meinem Büro in Berkeley an.«

Aber er kam nicht schnell genug weg, um Michael zu entgehen, der mit hitchcockscher Abruptheit zu ihm eilte und ihn fragte, ob er Hatha Yoga praktiziere. Der verdutzte Foucault antwortete mit einem »Was?«, dem er ein »Nein« folgen ließ.

»Ich dachte, du machst vielleicht Yoga, weil du so einen schönen Körper hast«, rief Michael, während Foucaults Gastgeber diesen aus dem Kreis der Gratulanten lösten und zu ihrem Auto bugsierten. Man hätte meinen können, dass da ein Politiker unter dem Schutz des Secret Service eine Wahlkampfveranstaltung verließ.

In der Woche darauf rief ich Foucault in Berkeley an. »Ich habe beschlossen, euch in Claremont zu besuchen«, sagte er freundlich. »Ich hoffe, dass wir genügend Zeit haben werden, um ins Death Valley zu fahren.«

Vor Aufregung zitternd versicherte ich ihm, dass wir den Ausflug ins Death Valley ganz sicher machen würden. Dann gab ich ihm einen groben Abriss unserer Pläne.

»Gut«, sagte Foucault, »solange ich nur nicht vor einer großen Gruppe Menschen sprechen muss. Davon hatte ich jetzt genug.«

»Ich hoffe nicht. Werden Sie auf Englisch vortragen?«

»Lieber nicht. Mein Englisch ist so schlecht.«

»Können Sie schon am Freitag kommen? Vielleicht schaffen wir es dann auch noch in den Joshua Tree National Park.«

»Ausgeschlossen. Nicht früher als Samstag.«

»Dann holen wir Sie am Flughafen ab. Wir werden das Wochenende im Death Valley verbringen. Schicken

Sie mir noch Ihre Ankunftszeit? Und sind Sie sicher, dass Sie uns erkennen werden?«

»Na ja, auf jeden Fall werdet ihr mich erkennen«, sagte Foucault, und ich stellte mir vor, wie er über seine Glatze strich.

ANKUNFT

Nachdem ich mich absurd ausführlichen Vorbereitungen gewidmet hatte, war mein großer Tag endlich gekommen. Auf dem Weg zum Flughafen lauschte Michael geduldig meinen Ausführungen darüber, was für ein Privileg es war, einen derartigen Besucher zu empfangen, und wie ungenügend ich mich diesbezüglich fühlte. Angesichts der Bedeutung dieses Ereignisses hätte man zudem annehmen können, dass ich mich an die genaue Ankunftszeit erinnern würde. Tat ich aber nicht. Zum Glück hatte der Flug Verspätung, und als die elektrische Tür aufschwang, sahen wir Foucault zur Gepäckausgabe stürmen, als stünde der Flughafen in Flammen.

»Monsieur Foucault!«, rief ich. »Wir haben Sie gefunden!«

»Ja.« Er drehte sich zu uns um wie ein Verrenkungskünstler und lächelte breit. »Ich freue mich sehr, dich und Michael zu sehen.«

Bis auf die Ausgabe der *LA Times,* die er in der Hand hielt, sah Foucault genauso aus wie in Irvine. Das ganze Ensemble war dasselbe – braunes Madras-Jackett, weißer Rollkragenpullover, weiße Hosen mit Schlag, braune Slipper. Als er seine kleine Reisetasche und eine Kiste mit Papieren an sich genommen hatte, stiegen wir in unsere Volvo-Limousine und fuhren gen Freeway. Ich fragte ihn, warum er all diese Papiere dabeihatte, und er sagte, es seien Notizen für ein Buch über Menschen und Monster, an dem er gerade schreibe. Er gebe zu dem Thema auch ein Seminar in Berkeley.

Als der kühle Nebel die Lichtströme auf der Route 10 dimmte, fragte Michael unseren Gast, ob er das erste Mal in Kalifornien sei. Ich wusste, dass Foucault auf der ganzen Welt gelebt und gelehrt hatte – in Stockholm, Istanbul, Tunis, Lissabon, Hannover, Clermont-Ferrand, Buffalo. Dementsprechend war ich überrascht, als ich erfuhr, dass er vor seiner derzeitigen Lehrtätigkeit in Berkeley noch nie in Kalifornien gewesen war.

»Aber ich wollte schon lange mal hin«, erzählte uns Foucault. »Ich bevorzuge warmes Klima und habe viel Zeit in Nordafrika verbracht. Ich lebe nicht gern in Paris. Es ist zu kalt und überfüllt, und die Pariser sind verstockt. Die Jungs sind eitel.«

»Ja«, sagte ich, »eine Schar Pfaue. Warum bleibst du da?«

»Liebe und Arbeit«, antwortete er. »Mein Geliebter lebt dort, und mein Job ist nicht sehr fordernd. Ich muss nur eine Vorlesung pro Woche halten, und das nur drei Monate im Jahr. Woanders wäre Vergleichbares derzeit nur schwer zu finden.«

Michael fragte ihn, was er von San Francisco halte. Foucault antwortete, dass ihm die Stadt sehr gefalle. Er erzählte uns, dass er anfangs zur Untermiete im Zimmer eines Studenten in Berkeley gewohnt habe, aber weil in der Universitätsstadt nach Einbruch der Dunkelheit die Bordsteine hochgeklappt werden, war er auf die andere Seite der Bucht in ein Wohnheim in der Nähe der Folsom Street gezogen, dem damaligen Zentrum der schwulen Lederszene.

Ich sagte Foucault, dass Michael Linguist sei und mittlerweile zehn Sprachen beherrschte. Daraufhin fingen er und Mike an, sich auf Französisch zu unterhalten. Leider verfüge ich nur über sehr eingeschränkte Fähigkeiten, rasch gesprochenes Französisch zu verstehen, weswegen ich das Gespräch schnell darauf lenkte, dass Mike auch Pianist und Komponist war. Foucault beugte sich vor, er hatte darauf bestanden, auf dem Rücksitz zu sitzen, und reagierte mit lebhaftem Entzücken.

»Wundervoll«, sagte er zu Michael. »Ich liebe Musik und hoffe, auch etwas von deiner hören zu können. Kennst du Pierre Boulez? Er ist ein guter Freund von mir.«

»Wirklich?«, sagten wir unisono. Ich verwies auf ein exzellentes Boulez-Porträt im *New Yorker*, das Peter Heyworth, der Musikkritiker des *London Observer*, geschrieben hatte. Foucault hatte es nicht gelesen, also sagte ich ihm, dass Heyworth Boulez' Kompositionen die größte Revolution in der Musik des 20. Jahrhunderts nannte. Und ich fügte hinzu, dass Stockhausen einmal verkündet habe, dass Boulez der einzige Komponist sei, mit dem er reden könne.

»Ich kenne Boulez nun schon sehr lange«, sagte Foucault, »und vor Kurzem habe ich dafür gesorgt, dass er am Collège de France unterrichten kann. Nicht direkt im Collège de France, sondern im Institut pour la Recherche de la Musique Moderne vor den Toren von Paris. Es war ein ziemlicher Kraftakt, die Sache einzufädeln, denn es wird das erste Mal sein, dass es einem Professor des Collège de France gestattet ist, außerhalb von dessen Mauern zu unterrichten. Aber der Direktor gab der Idee seinen Segen, und Boulez wollte unbedingt mit dem Dirigieren aufhören und nach Paris zurückkehren, um zu lehren. Ich glaube, das wird ein sehr befriedigendes Arrangement.«

»Hörst du viel Musik, Michel?«, fragte Michael.

»Es gab eine lange Zeit in meinem Leben, in der ich überhaupt keine Musik gehört habe«, klagte Michel. »Aber ich bin mir der Bedeutung von Musik wieder bewusst geworden und in der Lage, wirklich intensiv zuzuhören. Um genau zu sein, habe ich in den vergangenen drei Jahren kaum etwas anderes gemacht.«

»Welche Art von Musik? Klassische? Moderne?«

»Ja!«, sagte er.

»Auch Pop- und Rockmusik?«, fragte Michael weiter.

»Nein. Aber sie hat offensichtlich einen großen Einfluss auf Menschen auf der ganzen Welt, vor allem über die Texte.« Mike erklärte, dass er nicht mal genügend Zeit habe, die ganze lohnenswerte klassische Musik zu hören, da bliebe keine Zeit für Popmusik. Ich fügte hinzu, dass Popmusik gut zum Tanzen sei, aber ansonsten schrecklich monoton, und schloss mit den Worten *»and the beat goes on«*.

Während wir so dahinfuhren, erzählten wir von unseren Plänen für die kommenden Tage. Der einzige Vorschlag, dem Foucault nichts abgewinnen konnte, war ein Abstecher in das Nachtleben West Hollywoods. Davon, sagte er, habe er in San Francisco genug gehabt. Wir verließen den Freeway und kamen ein paar Minuten später an unserem zweistöckigen, spitzgiebeligen Arts-and-Crafts-Haus an, das über der Route 66 schwebte wie ein auf einer Dunstwolke treibendes leuchtendes Flussboot. Zu unserer Rechten verbargen Wolken die zerklüfteten Berges des San-Gabriel-Gebirges, und die weite, mit Kreosotbüschen bewachsene Ebene, die sich vom Haus zu den Ausläufern des Mount Baldy erstreckte, war eingehüllt in Nebel.

CHEZ FOUCAULT

»*Oh, là, là*«, rief Foucault, als er das Haus betrat. »*Très beau; merveilleuse!*«, sagte er, als er seinen Blick über Mikes Gemälde und meine Fotografien an den Wänden gleiten ließ. Unsere Hündin kam aus der Küche gerannt, um ihn zu begrüßen. »Ich liebe Hunde«, sagte er und hielt mich davon ab, sie von ihm wegzuziehen. Er kraulte ihren Bauch, den sie ihren Bewunderern stets darbot, und ließ die Atmosphäre des großen Wohnzimmers auf sich wirken.

»Skadi ist ein Norwegischer Elchhund«, erklärte ich ungefragt. »Hast du einen Hund?«

»Nein, es ist zu komplizert, in Paris einen Hund zu halten, aber meine Mutter hat einen in ihrem Haus auf dem Land, also komme ich dort in den Genuss.«

»Lass mich deine Sachen ins Wasserbettzimmer bringen«, sagte Mike.

»Bitte mache dir keine Umstände«, sagte Foucault. »Zeige mir doch einfach, wo ich sie hinstellen soll.«

»Hast du schon mal auf einem Wasserbett geschlafen?«, fragte Mike.

»Nein, noch nie.«

»Dann solltest du das ausprobieren, solange du hier bist«, schlug ich vor. »Es hat sogar eine Massagefunktion. Es braucht nicht lange, bis Südkalifornien einen zum Genussmenschen macht.«

»Aber wir toben da nicht nur drauf rum«, stellte Mike klar. »Wir praktizieren auch Yoga auf dem Wasserbett.«

Ich erinnerte Foucault daran, wie Mike ihn in Irvine nach Yoga gefragt hatte.

»Ah, ja. Das war Michael, nicht wahr? Ich war so gehetzt. Ich erinnere mich an die ganze Situation nur noch verschwommen.«

»Wenn du kein Yoga machst, wie bleibst du dann in so guter Form?«, fragte Mike.

»Ich mache Gymnastik«, entgegnete Foucault.

»Wir würden dir während deines Aufenthalts gerne ein bisschen Yoga beibringen«, sagte ich.

»Das würde ich sehr begrüßen«, sagte Foucault.

Ich reichte ihm ein Buch mit Hatha-Yoga-Fotografien. Er blätterte es gewissenhaft durch, deutete auf die komplizierteste Yoga-Haltung, bei der man mit den Füßen hinter dem Kopf auf den Händen steht, und fragte verschmitzt und mit einem breiten Lächeln, das seine großen weißen Zähne freilegte: »Kannst du das?«

»Noch nicht«, sagte ich kleinlaut, »aber ich arbeite daran.«

»Ich habe das *Daodejing* auf dem Wohnzimmertisch gesehen«, sagte Foucault. »Interessierst du dich für Daoismus?«

»Ja, seit einigen Jahren schon«, antwortete ich. »Das ist die Lebensphilosophie, der ich zu folgen versuche. Und läuft ›der Weg‹ des *Daodejing* nicht letztlich auf dasselbe hinaus wie die Konzentration der Ch'i-Energie – was Wilhelm Reich ›Orgon‹ nannte? Hast du dich mit Reich beschäftigt, Michel? Hast du seine späten Arbeiten gelesen, zum Beispiel *Der Krebs?*«

»Mit Reich habe ich mich noch nicht eingehend beschäftigt«, sagte er ernst. »Ich glaube, ich habe erst ein Buch von ihm gelesen.«

»Ich hoffe, du kommst einmal dazu, *Cosmic Superimposition* zu lesen«, sagte ich und kam mir ein wenig dämlich vor, Michel Foucault zu empfehlen, was er lesen sollte. »Ich glaube an Reichs Experimente. Ich kann das Strömen des Orgon spüren, wenn ich Yoga mache oder Sex habe. Wird in Frankreich auch Yoga praktiziert und Laozi gelesen?«

»Weder noch!«, sagte er. »Europa hängt Kalifornien weit hinterher. Mir scheint, als hätte sich Kalifornien vom Festland gelöst und treibt nun Richtung Asien. Jetzt, da ich hier bin, verstehe ich, warum Leute, die hier leben, auf Reisen in anderen Ländern immer sagen, dass sie aus Kalifornien kommen statt aus Amerika. Niemand, der in Pennsylvania lebt, würde sagen, ›ich komme aus Pennsylvania‹. Aber Kalifornien und Amerika sind nicht dasselbe.«

»Das stimmt«, sagte ich. »Bevor ich nach Kalifornien kam, habe ich im Süden und im Osten gelebt. Das sind Regionen, die nach wie vor stark geprägt sind von Traditionen und Klasse. Ich bin regelmäßig verblüfft davon, wie stark die Leute hier in Kalifornien, vor allem junge Leute wie Michael und seine Freunde, ohne Geschichte leben und fast ohne Familie, zumindest im traditionellen Verständnis. Sie sind im deleuzschen Sinne deterritorialisiert, empfinden dabei aber eine tiefe Verehrung für die sie umgebenden Berge, das Meer und die Wüste.«

»Ja«, sagte Foucault lächelnd. »Das ist wundervoll, nicht? Glaubst du, dass du jemals wieder in den Osten ziehen wirst?«

»Um ehrlich zu sein, nein.«

»Andere haben mir dasselbe gesagt. Leo Bersani, mein Kollege in Berkeley, sagte, dass er Kalifornien nie verlassen würde, weil er es gar nicht könnte.«

Auf dem Weg zu Michael in die Küche verharrte Foucault im Esszimmer, um das Herbarium zu untersuchen. Für einen Moment zeigte er kein Interesse mehr an den Büchern und Kunstbänden, die ich so sorgfältig platziert hatte, um seine Aufmerksamkeit zu erregen.

WÄHREND FOUCAULT SCHWEIGEND im Wohnzimmer saß, bereiteten Michael und ich eine kleine Mahlzeit zu.

»Hast du schon mal einen Tequila Sunrise getrunken?«, fragte Michael ihn.

»Nein, aber ich würde gerne mal einen probieren«, entgegnete Foucault.

»Ist ziemlich stark«, warnte Michael.

»Ich bin an starke Drinks gewöhnt«, sagte Foucault mit einem verschwörerischen Grinsen. »In Nordafrika gibt es sehr potente Getränke, aber ich muss gestehen, dass Bloody Mary mein Favorit ist. Würdest du mir zeigen, wie man einen Tequila Sunrise macht?« Während er und Michael in der Küche den Cocktail mixten, brachte ich die Snacks ins Wohnzimmer. Und wieder bestand Foucault, der sich nie bedienen lassen wollte, darauf, mir zu helfen.

»Der Tequila Sunrise ist köstlich, ziemlich exotisch, und das Salz ist eine großartige Idee«, sagte Foucault, bevor er einen zweiten Schluck von seinem Drink nahm. Es war sein letzter. Er aß ein paar Bissen von dem Boursin, spießte geschickt ein paar Scheiben Wurst auf, die er mit Genuss verspeiste, und das war's. Er aß immer sehr wenig.

»Möchtest du ein wenig Marihuana rauchen? Einer von Simeons Studenten hat uns einen Joint gegeben, zu dem wir dich gerne einladen würden«, sagte Michael.

»Ja, ich würde gerne einen Joint rauchen«, entgegnete Foucault.

»Hast du schon mal Gras geraucht?«, fragte ich.

»Ich habe es jahrelang geraucht, vor allem, als ich in Nordafrika war, wo sie hervorragendes Haschisch haben.«

»Rauchst du auch in Paris?«, fragte ich neugierig.

»An Gras ist in Paris nur sehr schwer ranzukommen, aber ich rauche Hasch, wann immer ich etwas auftreiben kann. In letzter Zeit waren wir damit ganz gut versorgt, dank Noam Chomsky.«

»Wie hat sich das denn ergeben?«, lachte ich.

»Ich hatte mit Chomsky einen Fernsehauftritt in Amsterdam, und nach der Aufzeichnung fragten mich die Programm-Macher, welche Art von Vergütung ich gerne hätte. Ich sagte ihnen, dass ich mich über ein bisschen Haschisch freuen würde, und sie erfüllten mir meinen Wunsch mit sichtlichem Vergnügen. Ich bekam einen ganzen Brocken von dem Zeug. Meine Studenten und ich nennen es das Chomsky-Hasch. Nicht weil Chomsky irgendwas damit zu tun gehabt hätte, sondern weil er der Anlass gewesen war.«

»Was war dein Eindruck von Chomsky?«, fragte ich.

»Ein sehr angenehmer Mann. Wir hatten nicht viel Zeit zum Reden. Und der Moderator machte etwas sehr Dummes. Er wollte, dass wir ein Streitgespräch führten.

Also beschrieb er Chomsky als amerikanischen Liberalen, sogar als Anarchisten, und mich als Marxisten. Es war absurd. Ich bin kein Marxist, und derartige Kategorien sind lächerlich, vor allem, wenn man sie auf Chomsky und mich anwendet. Wir hatten eine extrem angenehme Diskussion.«

»Ich habe Chomsky einmal gesehen«, sagte ich, »als er während der Anti-Kriegsjahre in den Sechzigern im Dunster House in Harvard vor einer kleinen Gruppe Studenten gesprochen hat. Ich fand ihn unglaublich aufrichtig, als er über die Torheit sprach, ein Land zu zerstören unter dem Vorwand, es zu retten. Mitreißend und präzise. Glaubst du nicht auch, dass Chomsky eine wahre Revolution ausgelöst hat, was unser Verständnis von Sprache betrifft?«

»Definitiv. Was er uns geschenkt hat, ist eine ganze Theorie der Kommunikation. Darin besteht seine größte Leistung. Sein Hauptinteresse betrifft die Kommunikation.«

»Hast du das Chomsky-Hasch denn problemlos nach Frankreich bekommen?«

»Ging alles glatt.«

»Und du rauchst es mit deinen Studenten?«

»Ja. Nach meinen Vorlesungen gehen wir oft irgendwohin, rauchen und lachen sehr viel.«

»Hast du schon mal die Musik von Jean Barraqué gehört?«, fragte Foucault Michael. Offenbar wollte er das Thema wechseln.

»Nein«, sagte Mike, »aber ich weiß, dass er ein bedeutender französischer Komponist ist.«

»Ich habe ein paar Nietzsche-Gedichte für Barraqué zusammengestellt und er hat sie für einen Liedzyklus namens *Séquence* benutzt. Ich glaube, der Zyklus ist auf das Jahr 1955 datiert, aber Barraqué begann schon 1950 damit.«

»Das kann ich nachschlagen«, bot Mike an.

Er stand auf und holte Hans Heinz Stuckenschmidts *Twentieth Century Music*. »Du hast recht, *Séquence,* hier steht 1950.«

»Barraqué und ich haben drei Jahre in Paris zusammen gelebt«, sagte Foucault. »Es waren wunderbare Jahre, und unsere Trennung war schwierig für mich. Ich ließ alles stehen und liegen und ging nach Schweden.«

»Warum habt ihr euch getrennt?«, fragte ich.

»Es war der Alkohol«, antwortete Foucault. »Er kam einfach nicht davon los. Ich glaube, das ist der Hauptgrund, warum mich das Werk von Malcolm Lowry so fasziniert. Er ist der Größte. Es gibt nur zwei Wege, die man gehen kann: mit Lowry in den Rausch, und den anderen Weg. Keiner der beiden ist zwangsläufig der Bessere.«

»Wann habt ihr euch getrennt?«, hakte ich noch einmal nach.

»1956.«

»Also nur ein paar Jahre nach der Veröffentlichung deines ersten Buchs, der Übersetzung von Binswangers *Traum und Existenz* mit der Einleitung von dir. Ich bin vor ein paar Jahren in der Bibliothèque Nationale darauf gestoßen, als ich den Sommer über in Paris war.«

»Habe ich doch gewusst, dass ich dich von irgendwoher kenne!«, rief Foucault. »Ich muss dich gesehen haben, als du es dort in diesem Sommer gelesen hast. Ich bin mir ganz sicher.«

»Durchaus möglich, auch wenn ich dich leider nicht gesehen haben kann, weil ich den Kopf die ganze Zeit in deinem Buch hatte«, sagte ich mit einem Lachen. »Was für ein merkwürdiger Gedanke, dass ich dir damals schon hätte begegnen können. Auf jeden Fall war ich wirklich beeindruckt von den Zusammenhängen, die du in deiner Abhandlung über Träume zwischen literarischen Gattungen und der Traumanalyse hergestellt hast. Es wundert mich, dass du in deinen nachfolgenden Arbeiten nicht noch einmal darauf eingegangen bist.«

»Keine Ahnung, warum ich diesen Gedanken nicht weiterentwickelt habe«, entgegnete Foucault. »Ich kann mich nicht mal mehr an ihn erinnern.«

»In deinen frühen Arbeiten gibt es sehr viele provokante Ideen, die du nicht weiterverfolgt hast. Zum Beispiel den faszinierenden Absatz über Wahnsinn und das kollektive Unbewusste in *Wahnsinn und Gesellschaft*. Da stellst du fest, dass wir die gesamte Geschichte des Wahnsinns in den körperlichen Bewegungen der Insassen von psychiatrischen Krankenhäusern erkennen können. Die Passage hat es nicht mal in die englische Ausgabe geschafft.«

»Wirklich? Ich habe den Eindruck, dass du mehr über mein Werk weißt als ich«, sagte Foucault und grinste.

»Ich bin auch sehr beeindruckt von den englischen Übersetzern deiner Arbeiten, allen voran A.M. Sheridan Smith. Was hältst du von den Übersetzungen deiner Bücher?«

Foucault rutschte ungeduldig auf seinem Stuhl herum und entgegnete dann: »Zu diesem Thema habe ich keine Meinung. Ich muss gestehen, ich habe die Übersetzungen nie gelesen!«

»Und wann schreibst du?«, fragte Mike.

»Morgens«, antwortete Foucault. »Ich arbeite ungefähr fünf Stunden am Tag und widme den Rest meiner Zeit anderen Dingen.«

NACH EINER WEILE schlug ich Foucault vor, dass Mike ein wenig Klavier spielen könnte. Foucault fand die Idee großartig.

Mike setzte sich an den Yamaha-Flügel und gab eine beherzte Interpretation von Skrjabins *Sonate Nr. 10*, einem wahren Hexenwerk. Als er fertig war, bedankte sich Foucault, der aufmerksam zugehört hatte.

»Sehr, sehr schön«, sagte er überschwänglich. »Das lässt mich an die Nacht denken, in der ich Boulez begegnet bin. Es war bei einer Skrjabin-Aufführung in Paris. Wir waren zu der Zeit beide Studenten. Ich sah ihn allein am hinteren Ende des Saals stehen und fragte meinen Begleiter, ob er diesen attraktiven jungen Mann dort kennen würde. Das tat er. Wir wurden einander vorgestellt, und seitdem sehen wir uns regelmäßig.«

Während Foucault und Michael ihr Gespräch über Boulez und zeitgenössische Musik fortsetzten, brachte ich Kaffee und präparierte meine Hasch-Pfeife. Als ich Foucault die Pfeife reichte, fragte ich, ob er die Don-Juan-Bücher von Carlos Castaneda kenne, dem Anthropologie-Professor der UCLA, der für Aufsehen gesorgt hatte in der akademischen Welt mit seiner Geschichte über einen Schamanen und dessen Marihuana- und Peyote-induzierte Visionen.

»Ich habe nur das erste gelesen, kann mich aber, offen gesagt, an kaum etwas erinnern«, antwortete er.

»Und auch aus Mexiko und sehr interessant: Ivan Illichs *Entschulung der Gesellschaft*. Kennst du das?«, fragte ich.

»Ja, es ist beeindruckend. Ich schätze Illichs Ideen sehr. Wie ich sehe, hast du hier Deleuzes *Proust und die Zeichen*. Was hältst du davon?«

»Es ist das beste Buch über Proust, das ich je gelesen habe.«

»Da stimme ich vollkommen zu. Es ist das beste«, sagte Foucault.

»Hast du in letzter Zeit Proust gelesen?«, fragte ich.

»Ja, tatsächlich«, sagte er. »Im Zimmer des Studenten, in dem ich nach meiner Ankunft in Berkeley wohnte, lag eine Ausgabe von *Le Temps retrouvé*. Da hab ich sie wieder gelesesen.«

»Irgendwelche neuen Eindrücke?«, fragte ich.

»Es ist ein sehr intelligentes Buch.«

Nachdem sein Blick über den langen Couchtisch gewandert war, auf dem Bücher lagen, mit denen ich seine Aufmerksamkeit erregen wollte, nahm er R. D. Laings *Knoten* zur Hand. »Das mag ich wirklich sehr«, sagte er, als wäre ihm klar, dass ich ein paar Köder ausgelegt hatte, um sein Interesse zu wecken und die Unterhaltung anzuregen. »Es ist Laings bestes – sein bestes *theoretisches* Buch.« Er betonte das Wort theoretisch.

»Und interssieren dich Arbeiten über den Wahnsinn und seine Geschichte weiterhin – Erving Goffman, Ken Kesey, Szasz?«

»Vor Kurzem habe ich ein sehr interessantes Buch von einem Italiener über die Beziehungen zwischen Anstalten und politischer Macht gelesen.«

Ich erzählte ihm, was für einen enormen Einfluss *Wahnsinn und Gesellschaft* auf mich gehabt hatte. »Es hat mein Leben verändert! Aber es dauerte lange, bis es auch in diesem Land hier richtig ankam.«

»Tatsache ist«, sagte Foucault, »dass ich das Manuskript an fünf verschiedene Pariser Verleger geschickt habe, bevor ich einen fand, der es herausbrachte. Und selbst da wurde es nur veröffentlicht, weil sich ein Freund von mir vor dem Herausgeberrat des Pion Verlags dafür eingesetzt hatte; ich bin mir sicher, dass sie es nicht einmal gelesen haben, bevor es in den Druck ging. Von den anderen Verlegern kam die einhellige Rückmeldung, es wäre ein wahnwitziges Projekt – unverständlich, langatmig und unverkäuflich. Ich habe insgesamt auch nur ein paar Tausend Dollar Beteilung erhalten. Der Vertrag war nicht gerade fair. Aber mittlerweile ist es vor allem ein sehr altes Buch.«

Mike wurde hibbelig. Er tigerte um das Tonbandgerät herum, und ich erinnerte mich an Foucaults im Auto geäußerten Wunsch, Mikes Musik zu hören. Und tatsächlich war Foucault in der Stimmung. Wir hörten *Homage to Mizoguchi*, eine Fantasie aus elektronischen Klängen, Windspielen und von Michael gesprochenen japanischen Wörtern, die er mechanisch moduliert hatte, um fremdartige Echos und Überlagerungen zu erzeugen. Er war von Mizoguchis Film *Sansho Dayu – Ein Leben ohne Freiheit* zu der Arbeit inspiriert worden. Die Komposition enthielt Stimmen aus japanischen Seifenopern und endete mit einer Gruppe japanischer Männer, die auf Englisch *You Are My Sunshine* sangen. Das brachte Foucault zum Lachen.

»Es ist wie ein Nō-Theaterstück«, sagte er. »Es fängt die Essenz des Nō-Theaters ein. Es gefällt mir sehr. Michael, warst du schon mal in Japan?«

»Nein, aber ich würde sehr gerne mal hin.«

»Es ist merkwürdig, sich an einem Ort zu befinden, an dem man nicht einmal die Hinweisschilder lesen kann. Vollkommen verwirrend. Was ist mit Paris? Warst du schon mal in Paris?«

Mike verneinte wieder.

»Gut, dann würde ich gerne dafür sorgen, dass du in Paris bei Boulez studieren kannst. Hättest du daran Interesse?«

»Natürlich! Aber ich muss das mit Simeon besprechen. Vielleicht können wir ja beide nach Paris kommen.«

»Ihr seid herzlich eingeladen, bei mir zu wohnen.«

Ich fühlte mich von dieser Einladung dermaßen geehrt, dass ich Foucault gestand, dass ich mich als einer seiner Jünger betrachtete, obwohl ich wusste, dass er diesen Begriff wahrscheinlich nicht mögen würde. Vermutlich hatte meine baptistische Südstaaten-Erziehung zuweilen immer noch einen Einfluss auf meine Wortwahl. Foucault sah mich, ohne zu antworten, einfach nur an mit seinem stählernen Blick.

DER DEATH-VALLEY-TRIP

Wir frühstückten bei Tagesanbruch und fuhren dann vorsichtig durch die versmogten Straßen von Claremont. Ich erwähnte, dass einige der Einheimischen, vermutlich um ihre Immobilienwerte zu schützen, den Smog als »Nebel« bezeichnen mit der Begründung, dass die einst hier ansässigen Indianer die Gegend »nebliges Tal« genannt hätten. Und ich erzählte unserem Gast, dass in dieser Region Südkaliforniens der Smog während der Sommer- und Herbstmonate so dicht sei, dass der Bürgermeister der nahegelegenen Gemeinde Riverside vorgeschlagen hatte, riesige Föne zu bauen, um ihn zurück in die Stadt zu blasen.

»Wir versuchen dem Smog so oft wie möglich zu entkommen, indem wir uns in die Berge oder die Wüste begeben«, sagte Mike, »weit weg vom Gestank und Gestreite der Menschen.«

»Wir haben übrigens etwas ganz Besonderes für dich dabei, das du in der Wüste nehmen kannst«, sagte ich.

»Oh, was denn?«, fragte Foucault mit großen Augen.

»Es handelt sich um ein sehr mächtiges Elixier, eine Art Stein der Weisen, auf den Michael gestoßen ist. Wir dachten, es könnte dir gefallen, dich im Death Valley auf eine Visionssuche zu begeben.«

Allein die Landschaft dort hat schon einen magischen Effekt. Es ist eine Art Shangri-La, geschützt vor Mikrowellenstrahlung und anderen Arten der Verschmutzung.

»Das würde ich sehr gerne«, sagte Foucault ohne das geringste Zögern. »Ich kann es kaum erwarten.«

Mike und ich lächelten einander verschmitzt zu, während ich den Wagen beschleunigte und die Auffahrt zur Route 10 hochfuhr, die uns nach San Bernardino bringen würde und dann weiter auf den Highway, der ins, wie Foucault es nannte, »Valley of Death«, ins Tal des Todes führte.

»Gehst du oft ins Kino? Und ins Theater?«, fragte ich Foucault.

»Ins Theater nie. Ich habe vollkommen das Interesse am Theater verloren, Filme hingegen mag ich sehr. Ich bin derzeit sogar an der Entstehung eines Films beteiligt, der auf einem Buch namens *Der Fall Rivière* basiert, das ich vor Kurzem herausgegeben habe.«

»Ich habe dein Buch gelesen und war vor allem von der ›Autobiografie‹ des Jungen beeindruckt und von deinem Essay über die Falschmeldung. Die Essays deiner Studenten fand ich nicht so interessant.«

»Das kann ich verstehen.«

»Gibt es ein Drehbuch?«

»Ja. Aber zuletzt habe ich zusammen mit dem Regisseur überlegt, dass wir für die Hauptrolle einen Jungen ohne Schauspielerfahrung finden wollen, jemanden, der frisch aus der Provinz kommt.«

»Wie Louis Malles *Lacombe, Lucien?*«

»Ja, genau. Und wir haben den richtigen für die Rolle gefunden, ich bin sehr glücklich mit unserer Wahl. Die Vorbereitungen für den Film werden einige Zeit in Anspruch nehmen, aber die Arbeit bereitet mir große Freude.«

»Neben Antonioni ist Jean-Luc Godard wahrscheinlich mein liebster zeitgenössischer Filmemacher. Kennst du ihn persönlich?«

»Ja. Wie du weißt, hat er sich nach seinem Motorradunfall sehr verändert. Er ist bitter und schwierig geworden. Ich fuhr im Auto hinter Godard, als es passierte. Er wurde zwischen zwei Autos zerquetscht, eine Hälfte seines Körpers wurde übel zugerichtet.«

»Doppelt ironisch nach *Weekend*, der vermutlich zum Teil von seiner speziellen Angst vor Autos inspiriert wurde. Ich habe gerade in einem Artikel gelesen, dass seine Mutter und seine erste Frau beide bei Autounfällen ums Leben gekommen sind.«

»Das wusste ich gar nicht.«

»Ich bin Godard mal begegnet«, fuhr ich fort, »ausgerechnet in Claremont. Ich sagte ihm, wie großartig ich *Die Verachtung* mit Brigitte Bardot und Jack Palance finde. ›Ich finde ihn furchtbar‹, fuhr er mich an. ›Er ist nicht politisch genug.‹ Er sei noch kein Marxist gewesen, als er den Film gemacht habe, aber immerhin könne er in ihm seine unmittelbar bevorstehende Konvertierung zum Marxismus erkennen.«

»Godard ist eine politische Schlampe!«, fuhr Foucault scharf dazwischen.

»Und unhöflich«, fügte ich hinzu. »Als er das Abendessen verließ, fuhr er den Gastgeber an: ›Warum müsst ihr Amerikaner immer Hände schütteln? Warum versucht ihr nicht mal was anderes, zum Beispiel meinen Oberschenkel zu packen? Zu fassen? Oder wie wäre es mit Anspucken?‹ Um ehrlich zu sein, fand ich Godards Oberschenkel nicht anziehend genug, um ihn berühren zu wollen.«

Wir fuhren durch die Stadt Chino, und ich erzählte Foucault vom dortigen »Minimum Security«-Gefängnis, einem sogenannten Modellgefängnis.

»Ich weiß ja, wie intensiv du dich mit dem Thema beschäftigst, mit der Funktion von Gefängnissen in unserer Gesellschaft«, sagte ich. »Hast du nicht eine Methode entwickelt, mit der Insassen von französischen Gefängnissen miteinander korrespondieren und sich über ihren Alltag und Frust austauschen können? Ein Pariser Freund hat mir vor ein paar Jahren erzählt, dass sogar Frauenmagazine über dein Engagement für Gefangene berichtet wurde, so breit wurde das rezipiert.«

»Von den Frauenmagazinen weiß ich nichts«, lachte Foucault, »aber ich habe schon versucht, die Öffentlichkeit auf das Thema zu lenken. Auf jeden Fall war ich in die Groupe d'information sur les prisons involviert, die nicht in dem Sinne reformistisch war, dass wir irgendeine Idee eines idealen Gefängnisses gehabt hätten, aber wir wollten Mittel schaffen, die den Insassen ermöglichen, Worte dafür zu finden, was an dem System nicht hinnehmbar ist, und das auch publik zu machen. Wir haben ein Mitteilungsblatt ins Leben gerufen, das von Gefangenen geschrieben und herausgegeben wurde, aber es erwies sich als äußerst schwierig, außerhalb der Gefängniswelt einen Vertrieb dafür zu finden. Mittlerweile wurde es ganz eingestellt.«

»Du hast ja auch über *Attica* geschrieben, wo du nach dem Aufstand und dem Massaker an den Gefangenen zu Besuch warst, und in dem Artikel sprichst du davon, dass amerikanische Gefängnisse sich deutlich von französischen unterscheiden …«

»Tatsache ist«, sagte Foucault, »dass ich noch nie ein französisches Gefängnis von Innen gesehen habe. Die Behörden würden das nie erlauben. Hast du *Soledad*

Brother gelesen, die Gefängnisbriefe von George Jackson? Die haben mich sehr bewegt. Genet, Deleuze und ich haben vor kurzen gemeisam eine Einleitung für die französische Fassung der Briefe geschrieben.«

Ich gestand, dass ich die Briefe nicht gelesen hatte, aber vor kurzem im City Lights Bookstore in San Francisco auf Genets *May Day Speech* gestoßen war. »Genet hat da ein wirklich starkes Statement für die Black Panther abgeliefert«, sagte ich.

»Genet hat sich sehr für die Black Panther interessiert«, entgegnete Foucault. »Aber kurz nachdem wir Jacksons Briefe veröffentlicht hatten, geschah etwas Merkwürdiges. Genet erfuhr, dass der Mord an Jackson ein Inside-Job war; er war das Opfer einer Fehde in seiner eigenen Gruppe.«

»Bist du oft mit Genet und Deleuze zusammen?«

»Ja. Genet bin ich sehr nah. Er ist sehr scheu. Egal in welcher Stadt er gerade lebt, er wohnt immer mit gepackten Koffern in der Nähe eines Bahnhofes. Er sagt, das sei eine Angewohnheit, die er nicht loswird. Er muss das Gefühl haben, schnell wegzukönnen. Ich bin mal mit Genet und Deleuze in der Nähe des Palais-Royal spazieren gegangen, als plötzlich eine Dame auf uns zukam, auf ihn zeigte und sagte: ›Sind Sie nicht Jean Genet?‹ Genet sah uns an und sagte voller Verzweiflung: ›Warum erkennen sie immer *mich?*‹«

»Mich würde interessieren, was Genet über Sartres Biografie über ihn denkt«, sagte Michael, nachdem unser Gelächter über die Anekdote verebbt war.

»Genet sagte, es sei ein großartiges Buch«, antwortete Foucault und ließ seine weißen Zähne aufblitzen, die aussahen, als wären sie frisch verkront, »abgesehen davon, dass Sartre nichts, aber auch *gar nichts* über ihn verstanden habe.«

Und wieder lachten wir Tränen.

»Nachdem ich Deleuzes und Guattaris revolutionäres Buch über Kapitalismus und Schizophrenie gelesen hatte, hab ich mich gefragt, ob Deleuze ein, sagen wir mal, besonders unkonventioneller Mensch ist.«

»Deleuze hat dir nicht wirklich ungewöhnlich vorkommen«, sagte Foucault. »Er macht einen vollkommen konventionellen Eindruck. Er ist verheiratet und hat zwei Kinder.«

»Wie haben sich Deleuze und Guattari kennengelernt?«

»Deleuze hat sich von Anfang an sehr für das Thema Schizophrenie interessiert. Und er suchte in Paris nach jemandem, der ihn tiefer einführen konnte. Ein Freund empfahl ihm Guattari, der zu der Zeit im Süden Frankreichs eine Art Zufluchtsort für psychisch kranke Menschen leitete.«

MICHAEL HOLTE UNS heißen Irish Coffee von einer Flughafen-Raststätte.

»Ich bin sehr überrascht, dass du noch nie mit psychedelischen Drogen experimentiert hast«, sagte er zu Foucault, als wir wieder unterwegs waren. »Kommt ihr in Europa nicht an guten Stoff? Immerhin wurde LSD von Albert Hofmann in der Schweiz entdeckt, nur ein paar Wochen nachdem die Atombombe erfunden wurde. Zwei folgenschwere Ereignisse.«

»Ich hatte mehrmals die Gelegenheit, habe sie aber nie genutzt«, sagte Foucault. »Mein Geliebter hat immer abgelehnt, und ich habe mich angcschlosscn.«

»Ich hätte ja gedacht«, sagte ich, »dass R. D. Laing dich ermutigt haben könnte, mit verändertern Bewusstseinszuständen zu experimentieren. Also, vorausgesetzt, dass ihr befreundet seid. Also, ich bin irgendwie immer davon ausgegangen, dass ihr euch kennt, weil ja einige deiner Bücher in Laings World-of-Man-Reihe auf Englisch erschienen sind.«

»Nein, ich bin Laing nie begegnet. Es war David Cooper, Laings Freund und Kollege, der die Übersetzungen in die Wege geleitet hat.«

»Weißt du, wie Cooper damals auf *Wahnsinn und Gesellschaft* gestoßen ist?«

»Cooper und Laing waren beide sehr von Sartre beeindruckt. Cooper blieb dran und las weitere französische Texte über Philosophie und Psychologie. In Paris ist er dann auf mein Buch gestoßen, kontaktierte mich und fragte, ob er es auf Englisch veröffentlichen dürfe. Ich willigte ein, und das war der Beginn unserer Freundschaft.«

»Habt ihr noch Kontakt?«

»Er lebt jetzt in Paris und kam kurz nach seinem Umzug in die Stadt zu einem Abendessen vorbei. Er wirkte tief unglücklich, geradezu aufgelöst. Er arbeitet nicht mehr mit Laing … Vor nicht allzu langer Zeit hat er einen Vortrag in Paris gehalten. Ich war nicht dort, habe aber gehört, dass er sich darüber beklagt habe, dass Laing zu klassischen Theorien der Psychologie zurückgekehrt sei und ihre gemeinsame Arbeit aufgegeben habe.«

»Ich mag den Titel, den man der englischen Ausgabe von *Les mots et les choses* gegeben hat«, sagte ich. »Aber warum hast du ihn geändert?«

»Es gab bereits einige beachtenswerte Bücher auf Englisch mit dem Titel *Words and Things*, und ich finde *The Order of Things* tatsächlich viel besser. Eigentlich wollte ich, dass auch die französische Originalausgabe den entsprechenden Titel bekommt, aber die Leute meinten, dass *L'Ordre des choses* nach einem Biologiebuch über die Klassifizierung der Arten klingt.«

Wir blickten auf den beeindruckenden, vierstöckigen Freeway-Knotenpunkt, der sich vor uns in der Ferne abzeichnete. Foucault meinte, der Smog wäre wirklich heftig. Er habe immer gedacht, die Pariser Luft sei schlecht, aber im Vergleich zu dem hier war das gar nichts.

NACH EINIGEN MINUTEN der Stille fragte ich Foucault, ob ihm sein Jahr als Dozent an der Universität Vincennes gefallen habe, die sich damals gerne als radikaler Außenposten der Universität von Paris inszenierte.

»Ich fand es fürchterlich«, sagte er. »Die ganze Struktur – das Benoten von Studenten etc. – war ermüdend, ein Ärgernis. Da waren so viele Mädchen. Ich hasste es, all diese kleinen Essays zu lesen, ein spezielles akademisches Ritual, das ich einfach nicht ertrage. Ich war heilfroh, als ich da wieder wegkonnte.«

Ich sprach darüber, wie sehr mich unsere traditionellen Bildungsformate frustrierten, und erzählte, wie kompromittiert ich mich fühlte, in einer Ansammlung aus Colleges zu arbeiten, in denen ein reaganscher Geist und eine widerliche Religiosität herrschten. Ich sagte, dass ich mich regelrecht schuldig fühlte, unter der derzeitigen Administration staatliche Mittel für mein Programm für Europäische Studien zu beziehen.

»Ich kann deine Gefühle sehr gut verstehen«, sagte Foucault. »Und auch, dass du dich den finanziellen Realitäten des existierenden Bildungssystems unterwirfst. Ich bin von französischen Linken scharf kritisiert worden, weil ich am staatlich geförderten Collège de France unterrichte und mich dafür einsetze, staatliche Zuschüsse und Hilfskraftstellen für Studenten zu bekommen. Aber was soll ich machen? Studenten müssen ihren Lebensunterhalt bestreiten.«

»Gehst du wählen, Michel?«

»Ja, und auch dafür bin ich von der Linken kritisiert worden. Ich habe für Mitterrand gestimmt, und einige Linke sagten: Warum Zeit mit Wahlpolitik verschwenden, wir brauchen eine Revolution. Ihnen kann ich nur sagen: Seid ihr euch wirklich sicher, dass ihr eine Revolution wollt?«

»Ich verstehe, was du meinst. Es ist echt erstaunlich, wie sehr sich das alles ähnelt, all die Staatsoberhäupter und Bürokratien in den westlichen Ländern. Ist das nicht deprimierend?«

»Das ist es wohl.«

»Ich habe meinen Bruder David, einen Anwalt, mit deiner Arbeit vertraut gemacht. Ich hoffe sehr, dass sich alle, die sich deinem Denken verpflichtet fühlen, dafür engagieren, unsere Institutionen zu reformieren«, sagte ich.

»*Reformieren?*«, platze es aus Foucault heraus. Seine Stimme war derart von Verachtung erfüllt, dass ich zusammenzuckte. Später schickte er mir seine persönliche Ausgabe von *Surveiller et punir*, die ich in einen Bilderrahmen setzte, der das Buch wie eine Gefängnismauer umgab, was ihn sehr amüsierte. Da erst begriff ich, dass sich die ›Disziplinierte Gesellschaft‹ – Foucaults Bezeichnung für moderne westliche Zivilisationen – ständig durch Reformen erneuert. Die Disziplinierte Gesellschaft war im späten 18. Jahrhundert aus einem Misstrauen gegenüber Reformen geboren worden, aber unter dem Vorwand, das Gefängnis reformieren zu wollen, erzeugte sie in Wirklichkeit eine neue Art von Gefängnis, das sehr viel grausamer war als alles, was es davor gegeben hatte.

Damals im Auto fühlte ich mich jedenfalls als Labertasche ertappt, und faselte schnell noch irgendetwas über Heidegger und die Kraft des ruhenden Seienden, um mich zu entschuldigen. Foucault verstand den Wink und mein verklausuliertes Versprechen, ein bisschen mehr die Klappe zu halten. Aber natürlich wusste er auch, dass es einfach unmöglich war, in seiner Anwesenheit still zu bleiben. Es gab so viel, was ich von ihm und über ihn wissen wollte.

SCHON BALD BRACH ES wieder aus mir heraus: »Kannst du dich an deine Träume erinnern, Michel?«, fragte ich in der Hoffnung, ihn dazu zu kriegen, über seine Arbeiten über Traumdeutung zu sprechen.

»Nein«, sagte Foucault seufzend. »Ich versuche, mich an sie zu erinnern, aber nach ein paar Minuten des Wachseins entgleiten sie mir einfach. Kannst du dich an deine erinnern?»

»Oh ja, fast schon zu lebhaft. In letzter Zeit habe ich viel von der Lederszene in San Francisco geträumt.«

»Kann ich mir vorstellen«, bemerkte er in einem merkwürdigen Ton, als wollte er sagen, dass ich besser mal in die Szene eintauchen sollte, statt von ihr zu träumen.

Nachdem wir etwa fünfzehn Minuten schweigend durch die ausgetrockneten Berge gefahren waren, ging es wieder mit mir durch: »Michel, hast du am Collège de France viel mit Lévi-Strauss zu tun? Ich war empört, als er sein Seminar absagte, nachdem seine Studenten seinen Eintritt in die Académie française kritisiert hatten. Und als ich dann seine pompöse Rede vor der Akademie über die Notwendigkeit traditioneller Institutionen las, war ich noch verstörter.«

»Lévi-Strauss ist ein sehr konservativer Mann«, bekannte Foucault. »Und manchmal benimmt er sich mies. Er schreibt zu viele Bücher, weshalb er kaum aus seinem Arbeitszimmer kommt. Darum kennt er die Welt nicht. Gelehrte machen einen großen Fehler, wenn sie versuchen, alles aufzuschreiben und zu veröffentlichen, was sie zu sagen haben. Wir sollten nur ein paar gute Bücher schreiben und es unseren Studenten überlassen, die Aufgaben zu vollenden, die wir begonnen haben. Sonst verbringt der Gelehrte zu wenig Zeit in der Welt und weiß nicht, was in ihr vor sich geht.«

»Hat Lévi-Strauss deine Arbeiten gelesen?«

»Ich denke schon. Er hat mir mal gesagt, dass er beim besten Willen nicht verstehen könne, was ich da mache. Er behauptete, dass meine Bücher ihn vollkommen verwirren würden.«

»Mich hat nur eine Sache verwirrt, die du geschrieben hast. Es war ein Text in *Tel Quel* über Robbe-Grillet und den französischen Roman. Ich fand ihn fast schon oberflächlich.«

»Du hast recht. Auf eine Art *war* er oberflächlich. Ich habe ihn in den frühen Sechzigern geschrieben, als *Tel Quel* und der experimentelle Roman Unterstützung brauchten. Der Essay war als Gefallen für die *Tel-Quel*-Gruppe gedacht, als Zeichen der Solidarität mit ihren Bemühungen, neue Stile und Formen zu kreieren. Philippe Sollers und sein Kreis glauben *wirklich*, dass sie mit Büchern die Welt verändern werden!«, sagte Foucault mit Nachdruck.

»Was würdest du sagen, welche Schriftsteller den größten Eindruck auf dich gemacht haben?«, fragte ich.

»Malcolm Lowry«, entgegnete Foucault sofort. »*Unter dem Vulkan*. Faulkner auch. Und Thomas Mann hatte einen großen Einfluss auf mich, als ich Student war in Paris. Aber Faulkner ist der Wichtigste. Vor ein paar Jahren habe ich mit meinem Geliebten einen Trip durchs Faulkner-Land gemacht. Wir fuhren in New Orleans los und reisten durch das kreolische Gebiet zu den südlichsten Regionen des Mississippis. Wir kamen nur bis nach Natchez. Wir wollten eigentlich bis nach Oxford, Faulkners Heimatstadt, aber es war zu weit, und wir hatten keine Zeit mehr.«

»Merkwürdig, in deinen Arbeiten erwähnst du diese Autoren nie.«

»Ich erwähne nie die Leute, die den größten Einfluss auf mich hatten«, sagte Foucault trocken. »Kennst du den Roman von Jean-Antoine ---------?« Leider erinnere ich mich nicht an den von Foucault genannten Nachnamen. Und ich war jedes Mal, wenn ich ihn später wieder traf, zu beschämt, es zuzugeben.

»Nein.«

»Es ist ein großartiger autobiografischer Roman von einem jungen Mann Anfang zwanzig. Er hat ihn mit sechzehn begonnen und fünf Jahre lang kontinuierlich und in Isolation daran gearbeitet. Vor ein paar Jahren schauten mein Geliebter und ich am ersten Weihnachtstag Fernsehen, als das Telefon klingelte und eine mir unbekannte Stimme fragte, ob ich bereit wäre, mir seinen Roman anzuschauen. Ich lud den Autor noch am selben Nachmittag in unsere Wohnung ein, und wir wurden Freunde. Später sorgte ich dafür, dass seine Arbeit veröffentlicht wurde.«

UNSER GESPRÄCH WURDE abrupt vom Anblick enormer Gesteinsbrocken unterbrochen, die zu gewaltigen Formationen aufgehäuft waren wie gegen eine Insel geschobene Eisberge. Die scharfkantigen, übereinander geschichteten Ebenen erinnerten mich an Caspar David Friedrichs Gemälde *Das Eismeer*. Als ich das sagte, nickte Foucault stumm. Die Berge im Westen neigten ihre geriffelten Flanken der Morgensonne entgegen.

Mike erwachte aus seinem Nickerchen und machte eine Pfeife fertig.

»Hast du in San Francisco schon die schmuddeligen Bars in der Folsom Street besucht?«, fragte er unseren Gast.

»Natürlich«, sagte Foucault mit einem Halloweenkürbisgrinsen.

»Sogar die *Barracks?*«, fragte Michael.

»Ja. Was für ein harter Laden! Nie zuvor habe ich in einer öffentlichen Bar eine derart offene Zurschaustellung von Sexualität gesehen.«

»Und hast du eine komplette Ledermann-Ausrüstung – Lederkappe mit Schirm, die Chaps und Nippelklemmen und so weiter?«

»Selbstverständlich«, sagte Foucault und grinste komplizenhaft.

»Und was ist mit dem *Cabaret?*«, fragte ich. Das *Caberet* war damals eine der schillernden schwulen Tanzbars in North Beach.

»Ich war einmal da, aber nur für ein paar Stunden. So viele schöne junge Männer, die sich mit einer solchen Unbekümmertheit und Freude zur Schau stellen! In Frankreich gibt es nichts Vergleichbares. Es gibt nicht mal Orte, an denen homosexuelle Menschen zusammenkommen und in der Öffentlichkeit tanzen können. Bei uns ist die Bar-Szene immer noch versteckt und wenig einladend. Aber so, wie sie hier ist, kann sich die Bar-Szene auch zu einem Gefängnis für Schwule entwickeln. Zu gezwungen und anonym, zu einengend.«

»Und was ist mit den Schwulensaunas in San Francisco?«, fragte Mike.

»Ich war in den Schwulensaunas. An einem Abend lernte ich einen attraktiven jungen Mann kennen, der mir erzählte, dass er und viele andere ein paarmal die Woche hingehen, oft auf Aufputschmitteln wie Amyl. Für mich ist so ein Lebenswandel unglaublich. Diese Männer leben für schnellen Sex und Drogen. Unfassbar! Solche Orte gibt es in Frankreich nicht.«

»Simeon und ich haben uns in einer Schwulensauna kennengelernt«, sagte Mike. Wir alle lachten über die Absurdität dieses Umstands. »Im *Third Street Athletic Club*«, fügte Mike hinzu. »Wir unterhielten uns stundenlang in einer der dunklen Kabinen und hatten Sex, bevor wir uns überhaupt gesehen hatten. Wir waren in einem Raum mit Bettnischen und ignorierten das dort geltende Gesprächs-Tabu. Und um das Ganze noch schlimmer zu machen, redeten wir über Musik. Chopin und Rachmaninoff, Pollini und Michelangeli. Wir konnten einfach nicht anders. Irgendwann krabbelten alle anderen im Raum aus ihren dunklen Ecken und zogen sauer ab.«

»Großartig«, sagte Foucault herzhaft lachend. »Wann war das?«

»Ein paar Tage vor dem letzten Thanksgiving«, informierte ihn Mike und brummte »mampf, mampf, mampf«, woraufhin wir wieder in Gelächter ausbrachen.

»Nach deinem Vortrag über Masturbation in Irvine habe ich mich etwas gefragt«, fuhr Mike fort. »Masturbierst du?«

»Natürlich«, sagte Foucault, ohne zu zögern.

»Vermutlich nicht so oft wie Simeon«, sagte Mike.

»Das musst du gerade sagen!«, rief ich.

»Hast du manchmal das Gefühl, dass wir zu viel Spaß mit unseren Schwänzen haben?«, fragte Mike.

»Es ist okay, wenn man die Zeit dafür hat«, stellte Foucault ernst fest und lachte dann, als wären wir kleine Jungs, die auf dem Rücksitz Doktorspiele spielten. Das Wüstenlicht wurde stechend, also gab ich ihm eine verspiegelte Sonnenbrille mit breitem weißem Rahmen. Ich sagte ihm, dass er mit ihr aussehe wie das Kind von Kojak und Elton John. Er war entzückt.

Ich fragte ihn, ob er mit dem Foucault verwandt war, den Freud im Literaturverzeichnis von *Die Traumdeutung* anführt, oder mit dem Foucault, der das Pendel perfektioniert hatte.

»Nein, weder noch«, antwortete er. »Ich habe meinen Vater gehasst. Er war Arzt, aber nicht mit der von Freud erwähnten Person verwandt. Foucault ist ein sehr geläufiger Name in Frankreich, wie Smith in den Staaten.«

»Wie warst du als Kind, Michel? Warst du frühreif? Hast du viel gelernt und deine Lehrer beeindruckt?«

»Eher nicht. Ich habe einen Großteil meiner Zeit *behind the barn* verbracht, um einen eurer amerikanischen Ausdrücke zu benutzen. Ich lebte wie ein jugendlicher Straftäter. Mein Vater hat mich gezüchtigt und bestraft. Er nahm mich aus der öffentlichen Schule und steckte mich in die am strengsten reglementierte katholische Schule, die er finden konnte. Mein Vater war ein Tyrann«, sagte Michel.

»Und deine Mutter?«, fragte Michael.

»Ich verbringe jedes Jahr drei Wochen mit meiner Mutter«, antwortete Michel. »Für gewöhnlich im Sommer.«

»Hast du Geschwister?«

»Einen Bruder und eine Schwester.«

»Verbringst du viel Zeit mit deinem Bruder?«

»Nein. Wir sind vielleicht ein oder zweimal im Monat kurz in Kontakt.«

WIR KAMEN NACH GREEN ACRES, eine kleine Wüstenstadt wie aus der TV-Serie *The Twilight Zone*. Michael unterbrach unser Gespräch mit höflicher Dringlichkeit: »S'il vous plaît, un moment, j'entends l'appel de la nature.« Foucault lachte schallend, wahrscheinlich erleichtert, durch Michaels verspieltes Französisch von den ganzen ernsten Gesprächsthemen befreit worden zu sein.

Wir stiegen aus dem Wagen in die weiße Mittagshitze. Die Wüstenluft war still und heiß wie die Glut auf dem Boden der Pfeife, die Michael vorsorglich ausgemacht hatte beim Anblick des mit dem Tankwart plaudernden Polizisten. Wir spritzten uns kaltes Wasser ins Gesicht und tranken Orangensaft aus der Kühlbox im Kofferraum.

Als wir bereit zur Weiterfahrt waren, bestand Michel erneut darauf, auf der Rückbank zu sitzen, wo er mit seiner neuen Sonnenbrille wie ein Wesen von einem anderen Stern wirkte. Er saß schweigend da und blickte konzentriert zum Wüstenhorizont, während Mike und ich uns angeregt über Stockhausens *Stimmung* unterhielten.

Wir beschlossen, auf einem nur ein paar Stunden entfernten Aussichtspunkt zu picknicken, mit Blick auf die weite Ebene des Panamint Valley, dem nächsten Nachbarn des Death Valley. Auf Höhe von Olancha bogen wir rechts ab auf die Route 190 und passierten den verödeten Owens Lake. Wir erreichten die luftige Höhe der Panamint Range und fuhren den schmalen Feldweg entlang, der zum Father Crowley Point führt, von dem man den nördlichen Teil des Panamint Valley überlickt und die alte Ranch sehen kann, auf der die Manson Family gelebt hatte und von wo aus sie ihren Krieg gegen die Planierraupen führte, die die Landschaft zerstörten.

In der Mitte eines kleinen, kreisförmigen Felsvorsprungs, der mit der Erhabenheit eines Adlerhorsts in eintausendfünfhundert Metern Höhe über die steinige Ebene ragte, breiteten wir eine Decke aus. Foucault blickte unbekümmert über den Rand des Felsens in die enorme Weite aus Wind und Steinen. Direkt unter ihm schraubte sich der Highway in das weite Tal wie eine emaillierte Doppelhelix. Foucault stand still da, fasziniert von den gigantischen Felsformationen, die sich von Nordwesten in das Tal ergossen. Ich gab ihm ein paar bunte Steine als eine Art Andenken ans Panamint. Er legte sie aufs Armaturenbrett und ließ sie dort liegen.

Schließlich saßen wir im Schneidersitz unter der Sonne. Mike befürchtete, dass sich Michel wegen seines kahlen Kopfes einen Sonnenstich zuziehen würde. Michel versicherte ihm, dass alles in Ordnung sei. Mike fragte ihn, warum er vollkommen glatzköpfig war, und Foucault antwortete lachend, er habe so viele Haare verloren, dass er sich gedacht habe: »Was soll's, dann kann ich sie mir auch gleich ganz abrasieren.« Wir aßen Antipasto, Palmenherzen und Sauerteigbrot. Foucaults Augen funkelten anerkennend, als er den kalifornischen Wein trank, und seine Blicke schweiften über das Tal wie die eines Indianer-Scouts. Wie üblich aß er wenig.

Als wir über das unwegsame Gelände zurück zu unserem Auto gingen, fragte er mich, ob ich die Werke von Mark Tobey kenne. Ich sagte, dass sie mir sehr gefielen. »Jahrelang wollte ich unbedingt ein Bild von ihm haben«, sagte Foucault. »Mit den Einnahmen aus *Die Ordnung der Dinge* konnte ich dann endlich eins erwerben. Ein weißes. Es hängt jetzt in meinem Apartment in Paris.«

»Hast du mit deinen Büchern viel Geld gemacht?«, fragte ich.

»Eigentlich nicht. Ich habe in meinem Leben noch nie viel Geld gemacht.«

Das schimmernde, gleißende Weiß des Tals erinnerte mich an die Eröffnungsszenen von Antonionis *Beruf: Reporter*. Foucault sagte, dass er den Film nicht gesehen habe.

Ich erzählte ihm, dass Antonionis *Zabriskie Point*, den ich 1970 in London gesehen hatte, der Grund für meine erste Reise nach Kalifornien gewesen war. Bis dahin war mir Kalifornien von meiner Harvard-Perspektive aus stets als eine Bedrohung für die Zivilisation erschienen.

Foucault sagte, dass er den Film gesehen habe, aber nur im französischen Fernsehen. »Der kleine Bildschirm und der schlechte Empfang verschworen sich, um seine Wirkung zu schmälern«, fügte er hinzu. »Um ehrlich zu sein, habe ich ihn vergessen.«

»Nun wirst du das echte Ding erleben, und zwar unter bizarren Bedingungen. Vermutlich wirst du ihn noch mal sehen wollen.«

»Das habe ich vor.«

Ich machte ein Foto von der Sonne. Ich erzählte Foucault, dass Picasso in einem Interview gesagt hatte, er habe als Kind in Katalonien oft direkt in die Sonne gestarrt. Foucault kannte diese Anekdote nicht und bedankte sich. Er war immer so froh, wenn ihm jemand etwas erzählte, das ihm nützlich oder interessant erschien.

WIR STARTETEN DIE LETZTE ETAPPE bis zum Eingang des Death Valley, wo wir unsere Reise zum Mittelpunkt der Erde antreten würden. Langsam fuhren wir hinauf zum Gipfel des eintausendfünfhundert Meter über dem Meeresspiegel gelegenen Towne Pass. Wir hielten kurz und blickten über die parabolische Ausdehnung der Erde unter uns. Zu unserer Linken zerteilte eine gigantische Masse aus Schiefer und Sandstein zwei enorme Bergketten, die Grapevines und die Cottonwoods, und ergoss sich dann in die Mesquite Flat Sand Dunes. Das Death Valley bohrte sich in die Erde wie ein Solarplexus, eingeschlossen von den Black Mountains in der Ferne und den zerklüfteten Kämmen der Panamint Range zu unserer Rechten.

Als wir die schmale Asphaltstraße hinunterfuhren, sagte ich Foucault, dass ich erst zum dritten Mal das Death Valley besuche, aber das Gefühl habe, als kehre ich zum elementaren Kern meines Unbewussten zurück. »Mystisch« war das einzige Wort, das ich finden konnte, um meinen hier gemachten Erfahrungen gerecht zu werden. Mike stimmte mir zu.

Gegen Nachmittag erreichten wir die Talsohle und fuhren durch das Stovepipe Wells Village. Hinter dem Dorf passierten wir die Sanddünen, die sich ununterbrochen über die Talsohle erstrecken. Wir fuhren durch das Devil's Cornfield, das dicht mit Arrowweed bewachsen war, das die Indianer der Region einst als Beruhigungsmittel geraucht hatten. Wir folgten der Route 190, bogen dann scharf rechts ab in südwestliche Richtung und fuhren auf Höhe des Meeresspiegels durch das Zentrum des Tals.

Ein paar Meilen weiter erblickten wir Gesteinsbrocken, die um einen kleinen See Kolonnaden formten. Dort haust der Cyprinodont, ein vorzeitlicher Fisch – ein lebendes Fossil, eine Million Jahre alt. Man nimmt an, dass er ein Nachfahre der Fische ist, die einst in dem riesigen See lebten, der sich am Ende der letzten Eiszeit zwischen diesen Bergen befand.

Einige Meilen vor uns erspähten wir einen wie eine Luftspiegelung schimmernden Palmenhain. Die Palmen umsäumten die Furnace Creek Ranch, ein Resort, das sich in einer Oase befindet. Die Außentemperatur betrug 46 Grad, als wir an Oleanderbüschen vorbeifuhren, die in voller Blüte standen. Nachdem wir unsere Zimmer bezogen hatten, beschlossen wir, mindestens eine Stunde lang die Vorzüge der Klimaanlage zu genießen. Während Michel ein Nickerchen machte, studierten Michael und ich Daumiers *Lib Women,* ein Buch, das Foucault uns aus San Francisco mitgebracht hatte.

DIE ARTIST'S PALETTE

Erfrischt brachen wir auf zur Artist's Palette, einem Schwemmkegel auf dem Boden eines Canyons ungefähr fünf Meilen südlich der Furnace Creek Ranch. Wir bogen links vom Artist's Drive ab und fuhren durch einen schmalen, sich zwischen riesigen Felsen entlangschlängelnden Korridor, bis wir den Aussichtspunkt erreicht hatten, von dem man über einen Regenbogen präkambrischer Erze blickt, die über die Jahrtausende zu bunt schillernden, im Schoße des Canyons verstreuten Hügeln oxidiert waren. Die Gegend war vollkommen menschenleer.

Wir gingen den von silbernen Melden gesäumten Pfad entlang. Zu unseren Füßen flitzten Leopardengeckos davon. Michael holte das magische Mittel hervor, während Foucault ihm aufmerksam zusah. In meinem Kopf spielte das Thema der *Liebesnacht* aus *Tristan und Isolde.*

Foucault wirkte aufgewühlt und ging mit finsterer Miene davon. Michael und ich diskutierten seinen Gemütszustand. Wir wussten, dass die Substanz negative Wirkungen entfalten kann, wenn sie unwillig oder unter Zwang eingenommen wird, und wir wollten Michel auf keinen Fall zu irgendwas drängen. Kurz darauf kam Foucault zurück und sagte, dass er nur eine halbe Dosis einzunehmen gedenke, schließlich sei dies seine erste Erfahrung mit einem derart mächtigen Mittel. In seinem Blick lag etwas Fragendes.

Ich nahm Michel am Arm und wir gingen ein Stück. Ich drückte mein Verständnis aus für seine Angst, machte ihm aber klar, dass es die Wirkung des Trips deutlich verringern würde, wenn er weniger als die empfohlene Dosis nahm. Er dachte lange über meine Worte nach, dann wandte er sich abrupt ab, ging zurück zu Michael und erkundigte sich nach der korrekten Art der Einnahme.

Michaels Instruktionen befolgend befeuchtete er seine Fingerspitze, presste die Substanz gegen seine unteren Schneidezähne und schluckte hörbar. Dann gingen wir nah beieinander zu dritt tiefer hinein in die Artist's Palette, die im Licht der untergehenden Sonne funkelte wie eine mit Mosaiken verzierte Gruft im Schein einer Fackel.

Foucault war still und verschlossen, als wir die Böschung hinab zum Boden des Canyons kletterten. Michael hatte seine kleine schwarze Tasche dabei, in der sich die Requisiten befanden, die für eine reibungslose Reise sorgen sollten. Sicher auf dem Grund des Canyons angekommen, gingen wir einen schmalen Pfad entlang, der von massiven Felsen flankiert war, die sich über uns wölbten wie Dachtraufen.

»Wie lange dauert es, bis die Wirkung einsetzt?«, fragte Michel.

»Zwanzig bis dreißig Minuten«, sagte Michael. »Aber wir werden ihr mit Gras und Alkohol ein bisschen auf die Sprünge helfen.«

Wir kamen an eine Felsspalte zwischen einer Reihe von orangen und violetten Hügeln und setzten uns auf den weichen Kies. Michael zündete seine Pfeife an. Er versicherte Foucault, dass ein paar Züge seiner Reise zu höherem Bewusstsein förderlich sein würden.

Als Nächstes öffnete Michael seine Umhängetasche

und förderte drei Plastikbecher und eine Flasche Grand Marnier zutage. Ich zündete eine der heiß begehrten Jasmin-Zigaretten mit goldenem Filter an und teilte sie mit Michael, der keinen Tabak rauchte. Bald darauf waren wir eingehüllt in eine Wolke herrlicher Gerüche.

Michel machte es sich in einer kleinen Senke zwischen zwei türkisblauen Erhebungen bequem. Obwohl sein Blick aufmerksam war, schwieg er und wirkte leicht verblüfft. Meine Sorge über seine Zurückhaltung ließ ein wenig nach, als er energisch nach der Pfeife griff, einen langen Zug nahm und sie dann wie die Cheshire Cat grinsend weiterreichte.

»Es ist sehr schwierig, in Frankreich reine Drogen zu finden«, sagte er, offensichtlich damit beschäftigt, welche drogenartigen Eigenschaften das himmlische Elixier haben könnte. Er nippte langsam an seinem Grand Marnier. »Selbst das gute Zeug, das es in Frankreich gibt, landet in Amerika. Ich verstehe das nicht. Nicht dass ich nicht die Gelegenheit gehabt hätte, alle möglichen Substanzen in Frankreich zu probieren. Ich war auf Partys, auf denen man mir sogar LSD angeboten hat, aber wie ich schon sagte: Mein Geliebter hat für uns beide abgelehnt. Ich glaube, er kann so gut Nein sagen zu Halluzinogenen, weil er so eine spezielle Beziehung zu seinem Körper hat. Letzten Endes sind wir unsere Körper!« Foucault hielt kurz inne und fügte dann hinzu: »Und noch irgendwas anderes.«

Das ist es, dachte ich. Das ist die von Foucault ausgerufene Revolution des menschlichen Bewusstseins. Alle anderen westlichen Philosophen kreisten immer nur um den Verstand, um Ideen. Foucault aber behauptet das Primat des Körpers und die Macht des Diskurses.

»Ich schreibe gerade an einem Buch über den Körper«, sagte er.

»Ich kann kaum erwarten, es zu lesen«, sagte ich. »Mit deiner Definition der menschlichen Natur hast du gerade die komplette philosophische Tradition des Westens erschüttert. Seit meiner ersten Reise ins Death Valley frage ich mich, warum die Philosophen von Platon an – und dazu noch sämtliche Theologen – so konsequent den Körper geschmäht und den Geist vergöttert haben.«

Foucault nickte, griff das Thema aber nicht weiter auf. Offensichtlich wollte er gerade nicht über Philosophie reden. Er und Mike zogen gemeinsam los. Ich sah ihnen zu, wie sie kurz in Felskammern traten und wieder hinauskamen, stehen blieben, um ein paar geschliffene Kieselsteine zu untersuchen, die auf dem Boden lagen, und dann auf einen der Miniaturberge kletterten, um einen Gipfel in der Ferne zu betrachten, der in den tintenblauen Himmel ragte. Die bunten Schichten der Canyon-Wände wallten wie papierne Luftschlangen auf einer Parade.

Ich lud Foucault ein, mich zu einem Felsvorspung zu begleiten, von wo aus man einen wunderbaren Ausblick auf die Wüste hatte. Er erklomm die steile Anhöhe mit der Beweglichkeit eines Akrobaten. Vor uns am Horizont schrammte die Sonne am Gipfel des Telescope Peak entlang und blutete in das 3500 Meter darunterliegende Tal. Michael saß auf der Spitze eines Hügels in der Nähe und schaltete sein tragbares Tonbandgerät an. Während wir dabei zusahen, wie die Schatten über der alkalischen

Ebene immer länger wurden, echoten die Dissonanzen von Charles Ives' *Three Places in New England* zwischen den Wänden des Canyons umher. Foucault und ich brachen in verzücktes Gelächter aus, als der Klang durch uns hindurch in die Salzebene fegte, die glitzerte wie Zuckerguss auf einer Hochzeitstorte.

»Genet hält Lachen übrigens für besser als Sex «, sagte Foucault.

Die Ironie, dass der große Schriftsteller des Sexes eigentlich lieber lachte, ließ alles nur noch lustiger erscheinen. Wir betrachteten einen Berg, der die Umrisse einer Maya-Pyramide annahm.

»Hat irgendein anderes Zeitalter, irgendeine andere Epoche, die Welt mal so wahrgenommen wie wir jetzt?«, fragte ich Foucault.

»Nein«, antwortete er entschieden. »Zu keiner Zeit der Geschichte hat irgendwer die Welt so gesehen wie wir hier in dieser erzeugten Konstellation, in diesem gemeinsamen Moment.«

Nachdem wir eine Weile über die Hügel gewandert waren, wies uns Michael darauf hin, dass es Zeit zum Aufbruch war.

»Aufbruch!«, sagte Foucault erstaunt. »Wie können wir derartige Schönheit verlassen? Warum bleiben wir nicht einfach hier. Ich kann mir nicht vorstellen, einen herrlicheren Ort zu finden.«

Irgendwann hatte Mike ihn überzeugt. Wir gingen den gewundenen Weg hinunter, der sich um beeindruckende Monolithen schlängelte, die geschwungen waren wie Henry-Moore-Skulpturen. Ich blickte zurück, um zu sehen, wie es Michel erging. Er stand vor einem Felsen und ließ seine Hände über die rauen Texturen des Gesteins gleiten. Ich stieß ein paar Worte von Heraklit hervor: »Der Kosmos ist bestenfalls ein planlos aufgeschütteter Misthaufen.« Foucault lächelte. Als wir den Parkplatz erreichten, konnten wir nicht anders und drehten uns noch einmal um für einen langen letzten Blick auf die prächtige Palette mit ihren von der Abenddämmerung neu gemischten Farbschattierungen.

ZABRISKIE POINT

Als wir langsam den Artist's Drive entlangfuhren, hatte ich das Gefühl, als befände ich mich auf einem Karnevalsumzug durch die Grotte von Leonardos Felsgrottenmadonna. Jedes Objekt war gestochen klar, einzigartig. Alles wirkte artifiziell. Ich nahm das Phänomen auf mehreren Ebenen gleichzeitig wahr, als wäre mein Geist eine 8-Spur-Kassette, als hätte jede Empfindung mehrere eigene Kanäle. Ich konnte reden, denken, begehren, hören, sehen, fühlen, imaginieren und mich an Dinge erinnern, und das auf vielen separaten Ebenen, die sich mit wundervollem Effekt miteinander verbanden. Unvorstellbare Synästhesie, unermessliche Welten der Wonne, das Proustsche Paradies, endlich gefunden.

Wir erreichten den Highway einigermaßen erleichtert, den Wagen sicher durch das Wüstenriff gesteuert zu haben, hielten kurz an und inhalierten die kühle Luft, die über die alkalischen Becken blies. Dann bogen wir rechts ab und fuhren nördlich auf die Route 178, wo Michael das Tempo verlangsamte, damit wir in Ruhe den Mushroom Rock bestaunen konnten.

Wir passierten den Golden Canyon mit seinen kunstvoll zerklüfteten Wänden. Zu unserer Linken überblickten wir den Devil's Golf Course, eine weite Ebene voller Salzkristalle, die aussah wie das Satellitenbild einer gefrorenen Großstadt. Von da, wo wir waren, konnten wir sehen, wie sich die Wüste dramatisch zum tiefsten Punkt Nordamerikas neigte, knapp neunzig Meter unterhalb des Meeresspiegels. In der Ferne präsentierten die Berge einen Regenbogen aus unzähligen Farben und wogten in Harmonie mit den über den Himmel jagenden fluoreszierenden Wolken.

»Die dekorativen Rhythmen von Wolken und Gesteinsschichten erinnern an Gauguin«, sagte ich. »Wie konnte Artaud gegenüber Gauguin eine solche Abneigung hegen, den er einen Maler der Geister nannte, als er ihn mit Van Gogh verglich?«

»Ach, Artaud war ein Snob«, antwortete Foucault. »Van Gogh kam gerade erst in Mode, als er diesen Text geschrieben hat, und Artaud wollte einfach allen anderen einen Schritt voraus sein.«

»Alles ist entweder Art nouveau oder Art déco«, sagte Michael philosophisch.

»Also entweder organisch oder geometrisch«, kommentierte ich. Plötzlich war ich von fantastischen Gesichtern gebannt, die von Schatten geformt wurden, die sich in die Fassaden der Berge gruben. Ich erwähnte die Eröffnungsszene von *Zardoz* mit ihrer magritteschen, monumentalen, in der Luft schwebenden Stein-Sphinx.

Foucault, der den Film nicht kannte, sagte: »Das *Schloss in den Pyrenäen* ist eines meiner Lieblingsbilder von Magritte. Ich habe das Original in New York gesehen, im Apartment eines Anwalts. Er hatte noch einige andere Meisterwerke von Magritte. Es war großartig, all diese Gemälde an einem Ort zu sehen.«

»Ich habe gerade erst dein kleines Buch über Magritte gelesen«, sagte ich. »Ich war überrascht, dass du Kandinsky und Klee für die zwei generativen Kräfte in der modernen Kunst hältst. Ich hätte eher an Picasso und Duchamp gedacht. Aber dein Buch hat mir eine neue Perspektive auf Magritte gegeben.«

»Ich bin vollkommen von Magritte fasziniert. Ich habe mehrere interessante Briefe von ihm bekommen«, sagte Foucault. »Sie waren so subtil und uneindeutig, dass ich mir nicht sicher bin, ob ich sie wirklich verstanden habe. An einem Punkt schrieb er, dass man Künstler in zwei Gruppen unterteilen könne: Jene, die nach ›Allegorie‹ streben, und jene, die ›Ähnlichkeit‹ abbilden. Magritte glaubt, dass die Tendenz in der westlichen Kunst zu Ersterem geht, sagt jedoch, er habe Ähnlichkeit abgebildet, um wirkliches Erleben zu vermitteln, und nicht, um Abbilder anzufertigen.«

Wir erreichten die Route 190, bogen rechts ab und rasten am Furnace Creek Inn vorbei. Nach kurzer Fahrt kamen wir am Zabriskie Point an. Mich schauderte in Erwartung der steilen Straße, die wir hochfahren mussten, um zu dem kleinen kreisförmigen Parkplatz zu kommen, von dem aus man das Sandsteinmeer überblickte. Wir fuhren in Schrittgeschwindigkeit auf die runde Begrenzungsmauer des Aussichtspunkts zu, der aussah wie die Kommandobrücke einer fliegenden Untertasse. Wir stiegen aus dem Wagen wie Forscher auf einem verbotenen Planeten.

WIR WAREN ALLEIN. Wo man auch hinsah, keinerlei Spuren von Leben. Über den Gipfeln der Panamint Mountains hing ein blau-weißer Schimmer im dunkler werdenden Himmel, und hinter der Erhebung des Manley Beacon, einer scharfkantigen Felsnase, die diesen Ort markiert wie der Parthenon die Akropolis, glitzerten die Salzseen in der Ferne.

Wir drängten uns neben der niedrigen Mauer zusammen, die uns von dem Abgrund aus ineinanderlaufenden Canyons unter uns trennte. Michael holte das Tonbandgerät hervor und bat uns, zwischen Stockhausens *Hymnen* und Richard Strauss' *Vier letzte Lieder* zu wählen. Foucault entschied sich ohne Zögern für Letztere.

Michel und Michael saßen Seite an Seite auf der Granitbrüstung. Die Dünen wirkten, als würden sie sich zu Elisabeth Schwarzkopfs Stimme kontrapunktierend heben und senken. Über dem Telescope Peak erschien die Venus hell und funkelnd. Wenig später war sie von einem Kranz aus Sternen umgeben. Mit den letzten Worten des letzten Liedes – »O weiter, stiller Friede! / So tief im Abendrot / Wie sind wir wandermüde / Ist dies etwa der Tod?« – erreichten wir eine transzendente Übereinstimmung von Ort, Stimmung und Musik.

»Musik ist unsere Theologie«, sagte Foucault leise.

»Michel«, fragte Mike, »hättest du vielleicht gern ein kaltes Erfrischungsgetränk?«

»Nein«, sagte er eindringlich. »Ich möchte nicht, dass irgendwas zwischen mich und die Droge kommt und das, was da draußen ist. Nichts soll die unmittelbare Erfahrung der Droge beeinträchtigen.«

Dann drehte sich Foucault zu mir um und fragte verwundert: »Simeon, warum trinkst du dieses Zeug?«

»Ach«, sagte ich, »das ist doch nur eine andere Art Chemikalie.« Ich begriff, dass ich etwas Dummes gesagt hatte, und rückte näher zu Michel auf der Suche nach ein bisschen Bestätigung. Wie er da auf den Ellbogen gestützt an der Brüstung stand, erinnerte er mich an *Die schlafende Zigeunerin.* Er schien unsere Nähe zu begrüßen.

»Michel«, fragte ich, »gab es in deinem Leben ein spezielles Ereignis, wie es zum Beispiel Rousseau auf der Straße nach Vincennes erlebte oder Paulus von Tarsus auf seinem Weg nach Damaskus oder Buddha unter dem Bodhi-Baum, ein Ereignis, das dir die entscheidende Erkenntnis verschaffte, die später die Ausrichtung deiner Arbeit bestimmen sollte?«

»Ja!«, sagte er. »Als ich an die École normale kam, wollte der Direktor wissen, ob es irgendwas Ungewöhnliches an mir gäbe. Als ich ihn über meine Homosexualität informierte, erwiderte er voller Entsetzen, dass derartiges Verhalten nicht normal sei und vor allem inakzeptabel in Hinsicht auf die Reputation der Schule. Dann ließ er mich einsperren, zu meinem eigenen Besten, wie er sagte. Er erklärte, dass ich reformiert werden musste, dass ich eingesperrt, untersucht und von einer Reihe Autoritäten behandelt werden würde – Ärzten, Lehrern, Psychologen, Psychiatern etc. In diesem Moment wurde mir schlagartig klar, wie das System funktioniert. Ich erkannte den fundamentalen Impuls unserer Gesellschaft: *Normalisierung.*«

»Warst du da schon mal in einen Mann verliebt gewesen?«

»Als ich mich das erste Mal in einen Mann verliebte, war ich sechzehn. Seit dieser Zeit habe ich mich immer von der *Liebe* zum *Wissen* zur *Wahrheit* bewegt.«

Als Michael zum Auto ging, um weitere Tonbänder zu holen, sagte Foucault: »Michael ist wundervoll. Er ist ein Magier. Er zaubert ständig etwas Neues für uns hervor.«

WIR VERSTUMMTEN, um Stockhausens *Gesang der Jünglinge* zu lauschen. Der Zabriskie Point war erfüllt mit den Geräuschen eines Kindergartenspielplatzes, durch die elektronische Tonalitäten geisterten. Es folgte *Kontakte.* Glissandos prallten an den Sternen ab, die strahlten wie weiß glühende Flipperkugeln. Foucault wandte sich zu Michael und sagte, dass er zum ersten Mal wirklich verstehe, was Stockhausen erreicht hatte.

Ich lag auf dem Rücken, blickte in den Himmel und spürte, dass ich halluzinierte. Dröhnend, sirrend und blitzend wurde der ganze Himmel zur Spielhalle. Ich dachte: *Warhol, Warhol.* Die Sterne nahmen die Formen gewaltiger Weihnachtsbaumornamente an, die sich in Formationen langsam und anmutig über den mondlosen Himmel bewegten. Ich war umhüllt von vollkommener Gelassenheit. Ich wusste, dass mich das himmlische Elixier das totale Spektrum jedes Sterns sehen ließ. Die leuchtenden Farben strahlten nach allen Seiten und erzeugten die Illusion solider, lumineszierender Sphären.

Ich drehte mich zu Michel und sagte mit bebender Stimme: »Wir haben das Universum gezeugt – eine majestätische Prozession wunderschöner Nichtigkeiten, ein zeitloses Spektakel. Diese Vision lässt alles andere wie einen großen Witz wirken.«

Foucault lächelte und ließ seinen Blick über den Himmel gleiten. »Der Himmel ist explodiert, und die Sterne regnen auf mich herab. Ich weiß, dass das nicht wahr ist, aber es ist die Wahrheit.«

»Glaubst du, es wäre möglich, dass die gesamte Menschheit dieses Mittel nimmt und etwas in der Art erlebt, wie wir es hier gerade tun?«, fragte ich.

»Ich wünschte, es wäre möglich«, sagte Foucault wehmütig.

»Bist du sicher, dass es in der Vergangenheit niemanden gab, der ähnliche Erlebnisse hatte wie wir jetzt hier? Immerhin hat John Allegro gezeigt, dass es von den Sumerern über die Essener bis in die modernen Zeiten eine direkte Linie von Gemeinschaften gibt, die Fliegenpilze benutzt haben, also eine andere Art von Elixier.«

Foucault versicherte mir erneut, dass wir anders seien und niemand zuvor diese Art von Erfahrung hätte erleben können.

»Duchamp glaubte«, sagte ich, »dass man psychedelische Pilze und ähnliche Pflanzen nach der anfänglichen Begeisterung über die Entdeckung so sparsam benutzen werde wie Liköre.«

»Zumindest verstehe ich jetzt den tieferen Sinn von Lowrys *Unter dem Vulkan*«, verkündete Foucault. »Mezcal diente dem Konsul als Droge, die seine Wahrnehmung auf eine Weise gefiltert hat, die der von Halluzinogenen ähnelt. Das Einzige in meinem Leben, womit ich diese Erfahrung vergleichen kann, ist Sex mit einem Fremden. Der Kontakt mit einem fremden Körper erzeugt eine Erfahrung der Wahrheit, die dem ähnelt, was ich jetzt empfinde.«

Foucault stand auf und ging ein paar Meter, um sich neben der Mauer hinzulegen. »Michael«, sagte er aus einiger Entfernung, »warum hast du denn nichts von deiner eigenen Musik mitgebracht?«

»Ich habe eine kurze Aufnahme dabei«, antwortete Michael. Er ging zum Auto und kam zurück mit seinem *Praeludium on a Theme by Bach*. Der Wind hob an, und das Auto begann zu wackeln.

»Warum machst du denn ständig die Autotüren auf, Simeon?«, fragte Michael mit flehender Stimme. »Ich mache sie zu, und du stehst auf und öffnest sie wieder. Du wirst uns noch die Batterie entladen.«

»Damit die Scheinwerfer an sind«, sagte ich. »Es ist so dunkel, und der Wind ist so stark. Michel, meinst du nicht, dass es gefährlich sein könnte hier oben bei dem starken Wind?«, fragte ich, auf Unterstützung hoffend.

»Habe keine Angst«, sagte Foucault. »Ich empfinde den Wind als warm und weich.«

Nach einer langen Phase des Schweigens rückten wir noch näher zu Michel. »Ich bin sehr glücklich«, sagte er, während ihm Tränen die Wangen runterliefen. »Heute Nacht habe ich eine neue Perspektive auf mich gewonnen. Ich verstehe jetzt meine Sexualität. Es scheint alles mit meiner Schwester zu beginnen. Wir *müssen* wieder zurück nach Hause.« Dann wiederholte er sein letztes Statement: »Ja, wir müssen wieder zurück nach Hause.«

»Es war falsch von mir«, sagte ich, »das Wort ›mystisch‹ zu benutzen, um diese Erfahrung zu beschreiben.«

Foucault stimmte zu.

»Glaubst du, dass dieses Erlebnis deine Arbeit beeinflussen wird?«, fragte ich.

»Definitiv«, entgegnete er.

»Hattest du heute Nacht irgendwelche philosophischen Erkenntnisse?«, fragte ich weiter.

»Eher nicht. Aber ich habe diese Stunden auch nicht damit verbracht, über Konzepte nachzudenken. Es war für mich keine philosophische Erfahrung, sondern etwas vollkommen anderes.«

Michael schlug vor, zurück ins Motel zu fahren und uns dort ein bisschen auszuruhen.

»Wenn du möchtest«, sagte Michel. »Ich könnte den Rest der Nacht hierbleiben, bin aber bereit zu gehen, wann immer du und Simeon es wollt.«

DANTE'S VIEW

Als wir zur Furnace Creek Ranch zurückkehrten, duschte Foucault und hielt ein kurzes Nickerchen in seinen knallroten Unterhosen. Ich ging raus und verschwendete Zeit mit der Vorbereitung einer Einführungsrede für den Vortrag, den Foucault am Abend in Claremont halten sollte. Mike übte Japanischvokabeln.

Ein paar Stunden später fragte ich Foucault beim Frühstück, wie er sich das erstaunliche Auftauchen von Genies in der Geschichte der Menschheit erklärte: »Ein Pascal zum Beispiel, ein Hölderlin – woher kommen die?«

Foucault sagte: »Die Geschichte verläuft nicht so« – er zog mit dem Zeigefinger eine gerade Linie in die Luft –, »sondern verläuft so« – sein Finger stach willkürlich in die Luft. Er stellte eine totale Streuung dar. Seine hektische Geste machte mir klar, dass das Zeitalter der Geschichte vorbei war, weil seine grundlegendste Annahme, die spencersche Idee von der stetigen, progressiven Entwicklung der Menschheit, gerade von Michel Foucault zertrümmert worden war.

Wir kehrten für eine Besichtigung bei Tageslicht zum Zabriskie Point zurück. Wir befanden uns noch immer in einer Art halluzinogener Trance, aber natürlich war die Hochphase vorbei. Ich machte Fotos, und Foucault spielte mit. Er lächelte viel. Dann brachen wir auf. Wir fuhren die Route 190 entlang, vorbei am Twenty Mule Team Canyon, und erreichten die Abzweigung zum Dante's View, unserem nächsten, etwa zwanzig Meilen entfernt gelegenen Ziel. Ich stellte die Vermutung auf, dass ein paar frühe Goldsucher dem Aussichtsspunkt den Namen Dante's View gegeben hatten, weil der Blick den Zeichnungen ähnelte, mit denen Gustave Doré Dantes *Inferno* illustriert hatte.

Bis auf die Kreosotbüsche und den Buchweizen, die sich an den Hängen festklammerten, die jäh zu den mehr als eintausendfünhundert Meter tiefer gelegenen Salzebenen abfielen, waren wir von einem Königreich aus nackten Felsen und Gipfeln umgeben. Rechts, in Richtung des Pazifischen Ozeans, sieht man sieben oder mehr Bergketten, inklusive der rasiermesserscharfen Kämme der Sierra Nevada. Schaut man nach links Richtung Arizona, fällt der Blick auf eine gewaltige, leuchtende, von trockenen Hügeln und inaktiven Vulkanen durchsetzte Wüste. Die Szenerie wirkt wie Altdorfers berühmtes Gemälde, nur ohne Spuren menschlichen Lebens.

Michel und ich gingen über einen schmalen Pfad zu einem Felsvorsprung, der über das Tal ragte. Es hätte auch ein Adlerhorst sein können, so behaglich und heikel war seine Umgrenzung. Foucault war unerschrocken und bestand darauf, mich bis an die äußerste Kante zu führen, wo uns eine falsche Bewegung direkt in das Inferno unter uns hätte stürzen lassen können.

Hier gelang es mir endlich, das ruhende Seiende zu bebejahen und ein bisschen die Klappe zu halten. Eine Stunde lang saßen wir Seite an Seite und lauschten dem Rauschen des Windes, das durchstoßen wurde von den Schreien der durch die Leere segelnden Vögel. Foucault spähte in den Abgrund. Dann hob sich sein Blick zu den Bergen, die zu ihm zu sprechen schienen. Eine Weile lang konzentrierte er sich auf die weite Ebene der Salzwüste, die in der Ferne funkelte wie ein gefrorenes Binnenmeer. Zwischendurch schien er auch einfach ins Nichts zu starren.

Er bewegte sich kaum. Sein Gesicht war regungslos. Als wir uns zum Gehen erhoben, war alles, was ich als Beschreibung dieser majestätischen Verödung vorbringen konnte: »Oh, holde neue Welt.« Michel sah mir direkt in die Augen und ging dann, in eine tiefe Meditation versunken, allein zurück. Ich hätte die Zeile aus *Der Sturm* vollenden sollen: »… die so bevölkert ist!«

Als wir zurück zum Wagen kamen, lag Michael vergnügt in der Sonne, las T. S. Eliots *Vier Quartette* und hörte Boulez' *Pli selon pli.* Immer noch berauscht sah ich durch die Augen von Maxfield Parrish Michaels unbehaarten Körper vor dem lichtdurchlässigen Himmel liegen.

»Das ist eines meiner liebsten Stücke«, sagte Michel zu Mike, als wir ankamen. »Kennst du Boulez' *Le marteau sans maître?*«

»Ich habe es ein paarmal gehört, fange aber gerade erst an, Boulez richtig zu schätzen«, antwortete Michael.

»Wirklich, ich wünschte, du würdest mit Boulez in Paris studieren«, entgegnete Michel.

»Ich weiß, dass mir das sehr gefallen würde,« sagte Michael. »Kennst du die *Vier Quartette?*«

»Nur oberflächlich«, antwortete Michel.

»Wenn wir wieder zu Hause sind, haben wir vielleicht Zeit, eine Aufnahme von Eliot zu hören, wie er seine Gedichte liest. Ich habe über unseren letzten Ausflug ins Death Valley ein Gedicht geschrieben. Mit dem Blick vom Dante's View könnte dir die letzte Zeile gefallen: ›Der trockene See ist, aber die Flut ist vergessen.‹«

Nach einem kurzen Mittagessen, das wir auf dem Kofferraum des Wagens ausgebreitet hatten, machten wir uns auf den Heimweg. Wir fuhren wieder vorbei am Zabriskie Point, der Furnace Creek Ranch und den Mesquite Flat Sand Dunes und beschlossen, auf einer anderen Route zurück nach Claremont zu fahren. Bevor ich mich hinters Steuer setzte, nahm ich mir ein paar Kekse. »Unser Junge mag Kekse«, bemerkte Foucault mit einem milden Lächeln.

Dann fügte er hinzu: »Wie ich sehe, hattet ihr eine gute Zeit. Wo habt ihr euch noch mal kennengelernt?«

»Im Club 4709«, antwortete Mike.

»Der wird mal sehr berühmt werden«, versicherte uns Foucault.

»Du meinst, berüchtigt, *n'est-ce pas?*«, sagte ich lachend.

»Nein, ich meine berühmt«, sagte Foucault ernst.

Und sei es auch nur, weil wir mit Michel Foucault LSD eingeworfen hatten, dachte ich.

»Wir werden dir etwas von dem Mittel geben, damit du es mit nach Paris nehmen kannst«, sagte Mike.

»Danke. Das würde mich freuen. Was meint ihr, soll ich anderen Leuten von unserem Trip erzählen, wenn wir zurück sind?«, fragte er versonnen. »Von der besonderen Natur unseres Trips?«

»Ich hoffe sehr, dass du das tust«, sagte ich.

EINE PARTY

Wir kehrten pünktlich für Foucaults Vortrag zurück, den er in einem Saal vor Hunderten gespannter Gesichter hielt. Er war nervös und bestand darauf, auf Französisch zu sprechen. Mike hatte sich geweigert mitzukommen, und ich war völlig fertig, denn ich wusste, dass Foucault große Menschenmengen hasste, und die Menge in Claremont hasste mich, denn es war offensichtlich, dass Michel und ich gemeinsam irgendwas ausgefressen hatten. Foucault machte das Beste aus der Situation und sprach eloquent, wenn auch stockend über die Natur der Macht in der modernen Gesellschaft. Der Dolmetscher hatte seine liebe Not. Die Menge wurde unruhig, also brachte ich die Sache abrupt zum Ende.

Als wir den Saal verließen, zeigte sich Foucault über seine Performance enttäuscht. Er sagte, dass er während der Diskussion mit starken Müdigkeitsanfällen zu kämpfen hatte und zwischendurch glaubte, abbrechen zu müssen. Ich erklärte ihm, dass er gerade unsanft wieder von seinem Trip runterkam, aber seine Energie zurückkehren werde, wenn die Umgebung wieder angenehmer würde.

Wir fuhren zum Haus zurück, wo zu seinen Ehren eine Party stattfand. Mike hatte die Decke mit Eukalyptuszweigen geschmückt. Ich hatte eine Rockband aus Hollywood eingeladen für das Amüsement der Gäste, hundert oder mehr waren gekommen. Foucault tauchte mühelos in die Menge ein. In dieser Nacht blühte für ihn der jugendliche Geist Kaliforniens. Er reagierte darauf mit wiederholtem Lächeln und angeregten Gesprächen. Immer wieder kam die Frage nach seinen Eindrücken von Kalifornien auf.

»Ich liebe Kalifornien«, sagte er ein ums andere Mal. »Ihr lebt hier an einem der besten Orte der Welt.« Er betonte immer wieder, wie sehr ihm die Vielfalt und die Experimentierfreude der Lebensentwürfe gefielen, wie auch das herrliche Klima, das es den Menschen ermöglicht, in Verbindung mit ihrem Körper zu bleiben, den Körper wortwörtlich zu *sehen*.

»Und ihr habt hier so eine intellektuelle Freiheit und Vitalität«, sagte er. »In Frankreich grassieren ideologische Dogmen und Parteinahme immer noch so sehr, dass wir verglichen mit Kalifornien in einem intellektuellen Terrorregime leben.«

»Gibt es in Frankreich Partys wie diese?«, fragte ein Student.

»Nein, die Franzosen sind immer noch zu spießig«, entgegnete Foucault mit einem Lächeln.

Ein anderer Student gestand, dass er keines von Michels Büchern gelesen hatte.

»Aber du musst meine Bücher nicht lesen«, beruhigte ihn Michel.

Eine junge Frau fragte ihn nach seiner Meinung zur Frauenbefreiung.

»Dazu kann ich Folgendes sagen«, antwortete er. »Frauen dürfen die Tatsache nicht vergessen, dass sie in unserer Gesellschaft eine große Macht gehabt haben. Sie haben die Kinder aufgezogen.«

»In Ihrem Vortrag vorhin haben Sie vom ›großen Genie Sartres‹ gesprochen«, sagte ein in die Gruppe platzender Professor. »Was denken Sie über die *Critique de la raison dialectique?*«

»Ich habe bei mehreren Gelegenheiten versucht, sie zu lesen, bin aber nie über die ersten fünfzig Seiten hinausgekommen. Ich bezweifle, dass ich es noch mal versuchen werde.«

Ein anderer wichtigtuerischer, unbefristeter Professor stolzierte herbei und blubberte: »Wie ist Ihre Meinung zu Camus?«

»Es wäre interessant gewesen zu sehen, was Camus während der Algerischen Revolution getan hätte. Was für eine Enttäuschung, als er den Nobelpreis für Literatur als Franzose entgegennahm, wo er ihn doch als Franzose und Algerier bekam. Das könnte ein Hinweis darauf sein, wo während des Bürgerkrieges seine Loyalitäten gelegen haben würden.«

Im Gespräch mit Brit, dem Studenten, der mich in Irvine auf Foucault aufmerksam gemacht hatte, fragte Foucault ihn, was er studiere. Brit sagte, dass er am Programm für Europäische Studien teilnehme, und fragte, was Foucault darüber dachte, sich als Student im Aufbaustudium auf Literatur zu konzentrieren.

»Du solltest deine Zeit nicht damit verschwenden, Literatur als Fach zu studieren«, sagte er. »Studiere die Machtmechanismen, die in unserer Sprache und unserer Gesellschaft am Werke sind.«

»Was war dein Eindruck von Stanford?«, fragte Phyllis Johnson, deren Freundin darüber nachdachte, dort zu unterrichten. Foucault formte mit seinen Händen ein Quadrat [im Englischen *square*, gleichbedeutend mit spießig, verstaubt – Anm. d. Ü.]. Das Gelächter übertönte die Musik.

»Ja, so sind die da«, sagte Foucault. »Aber ich interessiere mich sehr dafür, was gerade in Berkeley passiert«, fügte er hinzu. »Das ist ein Ort, den man im Auge behalten sollte, eine Art Mikrokosmos der zeitgenössischen Universität. Als ich in Berkeley kurz nach meiner Ankunft einen öffentlichen Vortrag hielt, spürte ich, wie distanziert die Zuhörerschaft war. Die ganze Angelegenheit war äußerst steif und förmlich. In Irvine war es besser. Die Anwesenden wirkten empfänglicher. Dagegen erschien mir Stanford hoffnungslos, sogar steril.«

»Ja, genau wie hier«, sagte ich. »Wie gefällt dir das Unterrichten in Berkeley?«

»Nun ja, der französische Fachbereich in Berkeley hat mich angeheuert, Literatur zu unterrichten, aber das war ein Fehler, denn ich mag keine Literatur. Die sind da oben alle ein bisschen genervt von mir, denn die meisten Studenten in meinem Kurs sind aus dem Fachbereich Geschichte.«

»Was geschah an der Universität in Berkeley, als Saigon an die Nordvietnamesen fiel und die Amerikaner sich aus Vietnam zurückzogen?«, fragte ich.

»Es geschah überhaupt gar nichts. *Nichts!*«, sagte er enttäuscht. »Offenbar hält sich unter Europäern die Auffassung, dass Berkeley noch immer so radikal wäre, wie es in den Sechzigern mal war.«

Al Franken, der Comedian, der später bei *Saturday Night Live* glänzen sollte und danach US-Senator wurde, fragte Michel, welches Team seiner Meinung nach die World Series gewinnen werde, das Finale der Baseball-Saison. Michel lachte und erklärte, scherzhaft seine Bemerkung aus seinem Vortrag von vorhin wiederholend, dass er kein Prophet sei. Aber er versicherte Al, dass er sich für Sport interessiere und sich mit Fahrradfahren und Gymnastik fit halte.

Sofort fragte ihn eine Gruppe Studenten, ob er am nächsten Tag mit auf eine Radtour auf der nahe gelegenen, strapaziösen Glendora Ridge Road kommen wolle. Michel zeigte sich über diesen Vorschlag begeistert, sagte aber gleich, dass er bezweifele, genug Zeit dafür zu haben, da er schon nachmittags nach San Francisco zurückmüsse.

AN EINEM PUNKT im Verlaufe des Abends ging Foucault auf die Veranda, legte sich auf den Boden und blickte hoch zum Mond.

»Ich versuche wieder in den Bewusstseinszustand zu kommen, den ich im Death Valley hatte«, erklärte er mir. »Aber es ist sehr schwierig. Ohne die Hilfe des Halluzinogens scheine ich dazu nicht in der Lage zu sein.«

Ein paarmal drückte Michel wortlos seine Dankbarkeit aus, weil ich ihn aus einem Trommelfeuer philosophischer Fragen gerettet hatte. Aber er war stets konsequent höflich, selbst zu den übereifrigsten Gesprächspartnern. Nachdem er einige Zeit mit einer kleinen Gruppe von Männern und Frauen verbracht hatte, beugte sich einer der Männer vor und küsste Foucault auf den Mund. Er erwiderte den Kuss mit ungekünstelter Zärtlichkeit. Dann zog ihn die kleine Gruppe in ihren Kreis für mehrere Runden Küsse und Umarmungen.

Ein junger Mann kam auf Foucault zu und erzählte

ihm, dass er sich gerade erst geoutet hatte. Er dankte Foucault für seine Arbeit, weil diese, wie er glaubte, »Dinge wie die Schwulenbewegung erst möglich gemacht« hatte.

Foucault antwortete mit den Worten: »Das ist natürlich ein schönes Kompliment, aber meine Arbeit hatte wirklich nichts mit der Schwulenbewegung zu tun. Ich habe nichts zu dem Thema geschrieben.«

»Wie war es denn für dich vor der Schwulenbewegung?«, fragte der junge Student.

»Du wirst es vielleicht nicht glauben«, entgegnete Foucault, »aber mir hat die Szene vor der Schwulenbewegung, als alles noch versteckter war, tatsächlich gefallen. Es war wie eine Bruderschaft im Untergrund, aufregend und ein bisschen gefährlich. Freundschaft bedeutete eine Menge, vor allem Vertrauen. Wir beschützten einander. Wir kommunizierten über geheime Codes.«

»Was denkst du jetzt über die Schwulenbewegung?«

»Zunächst einmal glaube ich, dass der Begriff ›schwul‹ obsolet geworden ist – wie auch alle anderen Begrifflichkeiten, die eine bestimmte sexuelle Orientierung beschreiben. Der Grund dafür ist die Transformation unseres Verständnisses von Sexualität. Wir erkennen das Ausmaß, in dem unser Streben nach Lust eingeschränkt wurde, zu großen Teilen an dem Vokabular, das man uns aufgezwungen hat. Menschen sind weder das eine noch das andere, weder homo noch hetero. Es gibt eine unendliche Bandbreite dessen, was wir sexuelles Verhalten nennen, und sehr viele Begrifflichkeiten, die verhindern, dass diese Bandbreite gelebt wird – also Begriffe, die Verhalten stereotypisieren und falsch und irreführend sind.«

»Zweitens«, fuhr Michel fort, »mag ich an Kalifornien, dass das Wort ›homosexuell‹ hier nicht mehr viel bedeutet. Die Menschen hier scheinen dieses Wort nicht in ihrem Vokabular zu haben. Mir scheint, dass Leute immer dann das Wort ›homosexuell‹ oder ›schwul‹ benutzen, wenn sie über jemanden reden, der ausgeschlossen werden soll. Das wurde in Kalifornien überwunden. Es gibt hier eine Freiheit im Reden über Homosexualität. Das Wort ist nicht abwertend. Die Sache wird nicht mit Perversion assoziiert.«

»Trotzdem«, hakte der Student nach, »liest du Veröffentlichungen der Schwulenbewegung? Zum Beispiel *The Advocate?*«

»Selbstverständlich. Ich habe das Magazin abonniert und verfolge es aufmerksam«, antwortete Foucault.

Um ein Uhr nachts fragte ich ihn, ob er zurück ins Motel wolle, um sich ein wenig auszuruhen. Er sagte Ja und meinte, dass es ihm nichts ausmachen würde zu laufen, aber natürlich bestand ich darauf, ihn zu fahren. Ein paar Minuten später sagte er, dass er bereit sei zum Gehen. Das Haus war immer noch voller Feiernder.

Ich hoffte einen allgemeinen Exodus auszulösen, indem ich mit schallender Stimme Michels Aufbruch verkündete. Er war sichtlich bestürzt über meine Unverfrorenheit, so viel Aufmerksamkeit auf seinen Abgang zu lenken, und ich empfand mehr als nur ein bisschen Scham in Anbetracht meiner Dummdreistigkeit. In diesem Moment begriff ich, wie sehr Michel das Scheinwerferlicht hasste. Es war ihm unbegreiflich, warum ich die Anwesenden über seinen Aufbruch informiert hatte.

Doch aus meiner Entgleisung ergab sich eine positive

Folge. Wir gingen gerade aus der Tür, als mein Freund David, ein Mann der Berge, auf Michel zutrat. Er sagte ihm, dass er es bereue, an diesem Abend nicht die Möglichkeit ergriffen zu haben, mit ihm ins Gespräch zu kommen, aber er wolle ihn wissen lassen, wie viel seine Bücher ihm bedeuteten und wie glücklich er sei über seinen Besuch in Claremont. Michel dankte ihm, und sobald wir im Auto saßen, fragte er mich mit einem Grad der Begeisterung, den ich bis dahin noch nicht an ihm beobachtet hatte, nach Informationen über den jungen Mann, mit dem er gerade gesprochen hatte.

»Er ist Student im Programm für Europäische Studien«, erzählte ich. »Seine Masterarbeit ist ein Vergleich deiner Arbeit mit der von R. D. Laing. Wir kennen uns jetzt seit drei Jahren. Wir sind uns im Osten begegnet, und es war unsere Freundschaft, die mich nach Kalifornien gebracht hat. Er lebt in einer Hütte in den Bergen nicht weit von hier.«

Foucaults Augen funkelten. Als ich vorschlug, am nächsten Morgen eine Wanderung zu Davids Hütte im Bear Canyon zu unternehmen, war er begeistert.

BEAR-CANYON-PFADE

Am nächsten Morgen sagte mir Michel, dass er nicht hatte schlafen können. Kurz nachdem er in sein tristes Motelzimmer zurückgekehrt war, hatte er sich zurück auf die Party gewünscht. Beinahe wäre er wieder hingegangen, so sehr ärgerte er sich, die schönen Momente zu verpassen, die er dort hätte erleben können. Doch auch ohne sich groß erholt zu haben, war er nun aufgeweckt und entspannt.

Wir machten uns auf den Weg in die Berge und fuhren fünfzehn Minuten später die Mount Baldy Road hoch, über die sich Speere gelb blühenden Besenginsters wölbten wie ein Baldachin. Wir erreichten Baldy Village und bogen an der Feuerwehrstation links ab auf die schmale Straße, die zum Parkplatz am Eingang des Bear Canyon führt. Dort schlossen wir uns einer Gruppe von sechs jungen Männern an, von denen vier in einer Art taoistischen Kommune im Canyon verstreut in Hütten lebten. Das Rauschen von Wasserfällen lockte uns auf den von großen Zedern und Gelbkiefern gesäumten Pfad. Der moschusartige Geruch der Kreosotbüsche war ein intensives Aphrodisiakum.

Wir schlenderten durch den Wald, und als die Steigung steiler wurde, gingen wir im Gänsemarsch den felsigen Pfad entlang, von dem aus wir den glitzernden Fluss sehen konnten. Die Wildblumen der Hochwüste standen in voller Blüte.

Feuerrote Castillejas und blassgelbe Flammenblumen schmückten unseren Weg. Foucault sprach freundlich mit seinen Begleitern. Nach etwa einer Stunde erreichten wir die höchstgelegene Hütte und überraschten ihren Bewohner.

»David«, rief ich, als Skadi, mein Hund, freudig auf Krina zulief, seinen Hund. »Ich habe dir Michel gebracht.« So oft hatten David und ich auf dieser Lichtung über Michel Foucault gesprochen, und nun war er hier. Es war so etwas wie eine Inkarnation, »das fleischgewordene Wort«.

David, groß, breitschultrig, schmalhüftig und bis auf ein Paar abgeschnittener Jeans in prächtiger Nacktheit, öffnete die Tür und trat auf die Veranda, die über das Flussbett ragte. »Willkommen!«, rief er uns aufgeregt entgegen. »Ich werde Kaffee machen.«

Wir drängten uns in die Hütte, während David seine Yogamatte wegräumte, die er für seine Morgenübungen benutzt hatte. Er präsentierte Michel die mit Herd und Kühlschrank ausgestattete Küche, kletterte mit ihm die Leiter hoch zum Dachstuhl und zeigte ihm die großen Dachfenster, die er selber eingebaut hatte. Wir folgten ihm in den ersten Stock der Hütte, wo es eine Dusche gab mit warmem Wasser, ein Luxus in den Bergen. Kurz darauf saßen wir vor dem Kaminfeuer im Wohnzimmer und hörten Musik, erst ein bisschen Country, dann Mozart und Mahler. Schließlich winkte uns David hinaus auf die Veranda, von der man einen wunderbaren Blick auf den unter uns entlangrauschenden Fluss hatte. Die Veranda war sozusagen ein Baumhaus inmitten der Kronen riesiger Kiefern und Zedern, und hier versammelte sich die Gruppe für Kaffee und Gespräche.

Cal, ein stämmiger, gut gebauter Mann Anfang dreißig, saß neben Michel. Er trug einen feschen Oberlippenbart, studierte Psychologie und lebte mit Freunden in einem von Orangenbäumen umsäumten Haus. Cal hatte vor kurzem LSD genommen und dabei eine derart beunruhigende Vision seiner Familie gehabt, dass er anfing, Nachforschungen anzustellen. Er fand heraus, dass sein Vater, den er immer auf einen Sockel gestellt hatte, in Wirklichkeit ein gemeiner, geldgieriger Mann war, der von seinen Angestellten gehasst und von seinen Bekannten verachtet wurde. Diese Entdeckung führte zu einem Zusammenbruch. Letztens war er spätnachts zu unserem Haus gekommen, hatte auf der Veranda gesessen und bitterlich über seine Desillusionierung geweint. Nachdem ich ihn mit ein wenig laingscher Analyse über die Phänomenologie der Erfahrung getröstet hatte, brachte ich ihn zurück zu seiner neuen Familie im Orangenhain.

Neben Cal rauchte ein sehr viel jüngerer Mann namens Chris eine Zigarette, während er hinunter in den Strom starrte. Chris lebte in der Hütte, die sich dreißig Meter hinter dem dichten Blattwerk befand. Er hatte sie sich nach dem Highschool-Abschluss gekauft und die letzten zwei Jahre unermüdlich daran gearbeitet, sie einzigartig und komfortabel zu machen. Er war ein blonder Surfer-Typ mit einem kräftigen, drahtigen Körper und hatte eine hübsche, anorektische Freundin, die sich gerne nackt auf einem Felsen in der Mitte des Flusses vor ihrer Hütte sonnte. Chris spielte Gitarre und verschlang Bücher. In seinem Rückzugsort in den Bergen widmete er sich dem Studium der Humanwissenschaften. Zuweilen schloss er sich Davids und meinen nächtlichen Diskussionen am Feuer an.

Chris unterhielt sich mit seinem Freund John, der ebenfalls ganz in der Nähe im Canyon lebte. John hatte mal die Unverfrorenheit besessen, einige seiner Freunde zusammenzutrommeln, um mit ihnen sein Klavier eine Meile den steilen Pfad hoch zu seiner Hütte zu zerren. Manchmal wehten spätnachts die aufdringlichen Klänge eines Jazz-Klaviers im Wechsel mit Chopin-Nocturnes durchs Tal. John war ein Mann von kleinem Kürperwuchs, der schmutzige Hosen trug und einen enormen Phallus zur Schau stellte, was er auf eine anrüchige Art genoss. Er hatte ernsthafte musikalische Ambitionen und liebte es, unseren Diskussionen über Literatur und Philosophie beizuwohnen. Wegen der kalten Winter in den Bergen hatte er sich ein Problem mit den Stirnhöhlen zugezogen, und so neigte er dazu, von Zeit zu Zeit zu röcheln und zu schniefen, doch seine widerlichen Angewohnheiten wirkten wie liebenswerte Eigenarten, die ihm alle nachsahen.

Jake schmückte die Szenerie mit seiner nackten, behaarten Brust, die gekrönt wurde von seinem koboldhaften Lächeln. Er war Biker und ein untypischer Student am Claremont Men's College. Mike und ich unterrichteten ihn in Hatha Yoga und er uns in Physik. Wir hatten ihm gerade erst die Katzen-Position beigebracht, die perfekt zu ihm passte. Er war fasziniert von der Idee der Entropie, die er nicht so ganz durchschaute. Unlängst hatte mich Jake heftig umarmt und mit Tränen in den Augen etwas getan, was nur wenige Studenten tun würden: Er bedankte sich bei mir, vor allem dafür, dass ich versuchte, das zu leben, was ich lehrte, anders als seine anderen Lehrer, die er für leere Worte ausspuckende Automaten hielt.

Im Gegenzug fragte ich ihn, ob ich meine Hand über seine dicht behaarte Brust gleiten lassen dürfe. Er willigte schüchtern ein. Dieser Mann, dachte ich, könnte Foucault gefallen.

Lance war ein außergewöhnlich attraktiver Kerl, mittlere Größe, Knackarsch, ein Skiläufer und Allround-Athlet. Er studierte am Pomona College und besuchte Michaels Musikklasse bei uns zu Hause. Er wirkte wie eine Anomalie, da er ernsthafte intellektuelle und musikalische Interessen mit schnöselhaftem Gebaren und einem Mangel an Bildung kombinierte. Lance war gerade erst dabei, mit seiner Homosexualität klarzukommen. »Genau genommen«, hatte er mir gesagt, »verbringe ich den größten Teil meiner Zeit mit Männern, warum also nicht gleich mit ihnen schlafen?« Mit seinen wissbegierigen blauen Augen und seinem außerordentlich guten Aussehen war Lance ein willkommenes Mitglied in Foucaults Entourage.

Und dann war da noch Jim, ein Keramiker und Philosophiestudent. Er war gelernter Zimmermann und strahlte eine unwiderstehliche reichianische Energie aus. Seit er mal mit einem Loch im Schritt seiner Levi's-Jeans zur Vorlesung gekommen war, bemühte ich mich stets darum, mit einem guten Blick auf seinen Platz zu unterrichten. An manchen Tagen hatte ich das Gefühl, als würde ich nur zu ihm über Schizoanalyse und politische Anatomie sprechen. Es gab Tage, an denen die Aussicht darauf, ihm nahe zu sein, der einzige Grund war, aus dem ich mich dazu aufraffen konnte, zum Unterricht zu erscheinen. Er lebte mit seiner Freundin in einem Baumhaus am

Eingang des Canyons. Sharon war in den Sechzigern politische Aktivistin und Hippie gewesen, aber LSD und Jim hatten aus ihr eine Einsiedlerin der Berge gemacht.

FOUCAULT BEZAUBERTE DEN taoistischen Trupp mit dem, was die Franzosen *»saveur«* nennen, eine überschwängliche Liebenswürdigkeit. Und noch ein weiterer französischer Begriff traf auf ihn zu, »disponible« – offen für alles. Er zeigte sich erstaunt darüber, derart komfortable Unterkünfte in der Wildnis der Berge vorzufinden. »Es fühlt sich an wie bei *Der Schweizerische Robinson*«, bemerkte Foucault.

»Magst du diese Geschichte?«, fragte David.

»Ja, ich liebte sie schon als Kind. Natürlich wurde mir gesagt, dass ich lieber *Robinson Crusoe* lesen solle, aber ich mochte *Der Schweizerische Robinson* sehr viel mehr, und so ist es noch immer.«

Ich erzählte Michel, dass David und ich uns in den Jahren, in denen wir hier oben lebten, oft wie Schiffbrüchige gefühlt hatten. Wir vertrieben uns die Zeit mit Rückenmassagen und nächtlichen Diskussionen am Feuer über Bücher und die Welt.

»Erst vor ein paar Nächten haben die Flammen ein Gespräch über Gaston Bachelards *Die Psychoanalyse des Feuers* entfacht«, sagte ich zu Foucault. »Bist du Bachelard vielleicht mal begegnet?«

»Ja«, antwortete er. »Er war mein Lehrer und übte einen großen Einfluss auf mich aus.«

»Ich kann mir bildlich vorstellen, wie Bachelard vor seiner Feuerstelle sinniert und die verblüffende Theorie entwickelt, dass der Mensch das Feuer gebändigt hat, um seine Tagträumereien zu beflügeln; dass der Mensch im Grunde das träumende Tier ist.«

»Nicht so ganz«, platzte es aus Foucault heraus. »Bachelard hat vermutlich nie eine Feuerstelle gesehen oder gehört, wie Wasser einen Berghang hinunterfließt. Bei ihm war alles ein Traum. Er lebte sehr asketisch in einer winzigen Zweizimmerwohnung, die er sich mit seiner Schwester teilte.«

»Ich habe irgendwo gelesen, dass er ein Gourmet war und täglich an den Marktständen auf der Straße nach den frischesten Zutaten für sein Abendessen suchte.«

»Nun, er hat zweifellos gerne auf Marktständen eingekauft«, entgegnete Foucault ungeduldig, »aber seine Küche war wie seine Lebensweise äußerst schlicht. Er führte ein einfaches Leben und existierte in seinem Traum.«

»Kaufst du auf den Pariser Straßenmärkten ein?«, fragte Jake Michel.

»Nein«, sagte Foucault lachend. »Ich gehe einfach nur in den Supermarkt um die Ecke.«

Er sah eine herumliegende Ausgabe des *National Geographic* und sagte: »Würdet ihr nicht auch sagen, dass das ein tolles Magazin ist?« Wir stimmten zu. Sein Blick fiel auf eine Zeitungsschlagzeile über Israel und den Libanon, was ihn zu der Bemerkung animierte, dass er den Ereignissen in Israel sehr aufmerksam folge.

»Ich habe große Sympathien für Israel. Während des Zweiten Weltkriegs habe ich unglaubliches Leid unter den Juden gesehen«, sagte er. »Die Juden müssen überleben.«

»Liest du eine bestimmte Zeitung regelmäßig?«, fragte Jake.

»Ja. *Le Monde.* Jeden Tag«, sagte Foucault.

Jake erzählte ihm, dass er, obwohl er die politischen Ereignisse sehr genau verfolge und in der Anti-Vietnamkriegs-Bewegung involviert war, das Gefühl habe, vollkommen verloren zu sein.

»Als junger Mann muss man verloren sein«, antwortete Michel. »Wenn du nicht verloren bist, versuchst du es nicht wirklich. Es ist ein gutes Zeichen. Ich war als junger Mann auch verloren.«

»Soll ich in meinem Leben Wagnisse eingehen?«, fuhr Jake fort.

»Unbedingt! Such das Risiko, lehn dich aus dem Fenster.«

»Aber ich sehne mich nach Lösungen.«

»Es gibt keine Lösungen.«

»Dann wenigstens ein paar Antworten.«

»Es gibt keine Antworten!«

Nach diesem Austausch mit Jake gesellte sich Foucault zu David vor dem Kamin im Wohnzimmer der Hütte. Während sie sich miteinander bekannt machten, verstreute sich der Rest der Gruppe auf der Suche nach Feuerholz und Pilzen im Wald.

AUF DER VERANDA

Schließlich versammelte sich die Bear-Canyon-Gang wieder auf der Veranda, um weiter mit Foucault zu reden. Jim, der Philosoph und Zimmermann, sprach enthusiastisch über den französischen Denker Merleau-Ponty, woraufhin Foucault mit offenkundiger Begeisterung bekannte, dass Merleau-Ponty einer seiner wichtigsten Lehrer war.

»Für meine Generation war Merleau-Ponty sogar noch sehr viel wichtiger als Sartre«, fuhr er fort. »Er war ein rigoroser Gelehrter, den wir alle nur bewundern konnten. Er verband umfangreiches Wissen mit politischer Praxis. Er half uns, den Würgegriff des stalinistischen Marxismus' zu lösen und ermutigte uns, nach einem neuen Verständnis von Marx zu suchen.«

»Akzeptierst du Merleau-Pontys Idee von der kulturellen Ablagerung?«, fragte Jim.

»Ich würde es so ausdrücken«, antwortete Foucault. »Es gibt keinen privaten Diskurs, aber man wird in einen Diskurs hineingeboren.«

»Deswegen müssen wir anderen zuhören, um uns selbst zu verstehen«, sagte Jim.

»Exakt«, sagte Foucault.

»Wie würdest du ihn mit Sartre vergleichen?«, fragte Chris.

»Nun, Sartre ist der letzte der Propheten und sehr viel verworrener als Merleau-Ponty.«

»Hast du Sartres *Critique de la raison dialectique* gelesen?«, fragte Chris.

»Auf Michaels und Simeons Party habe ich jemandem gestanden, dass ich nie über das erste Kapitel hinausgekommen bin. Das Problem mit Sartre ist, dass er sich nie mit dem Wissen vertraut gemacht hat, das die Historiker des 20. Jahrhunderts hervorgebracht haben. Er war von Marx überzeugt, und weiter ist er nie gekommen. Folglich war sein Geschichtsverständnis mangelhaft. Von Sartres historischen Analysen können wir nichts lernen.«

»Würdest du zustimmen, dass es sich bei Fernand Braudel um den größten Historiker des 20. Jahrhunderts handelt?«, fragte Jim.

»Ich denke, schon«, antwortete Foucault.

»Findest du nicht, dass der Existenzialismus zu einer Art Hedonismus verkommen ist, zu einer Obsession mit der eigenen gelebten Erfahrung auf Kosten von Arbeit, Analyse und Beobachtung?«, fragte Jake, der haarige Biker.

»So ist es«, entgegnete Foucault. »Wir haben vergessen, wie man hart arbeitet, und aus diesem Grund und anderen muss der Existenzialismus bekämpft werden.«

»Und was ist mit Gramsci?«, fügte Cal hinzu.

»Gramsci war wichtig für mich, als ich jünger war und in der Kommunistischen Partei«, entgegnete Foucault. »Er legitimierte den Dissens in der Kommunistischen Partei zu einer Zeit, als man gezwungen war, jede eingenommene Position mit einer Fußnote zu versehen. Immerhin konnten wir Gramsci in seiner Fußnote als Dissidenten innerhalb des marxistischen Paradigmas bezeichnen. Und sein Werk an sich ist wichtig, vor allem als Präzedenzfall. In den Fünfzigerjahren waren die Marxisten vollkommen in der Debatte um Stalin gefangen. Gramsci half uns raus

aus dieser Zwickmühle. Er sorgte quasi dafür, dass der Dissens einen Fuß in der Tür hatte.«

Cal fragte Foucault, ob er glaube, dass Marx wirklich zwischen Basis und Überbau unterschieden habe.

Foucault antwortete: »Zunächst einmal hat Marx seine Bücher nicht zu unserer Erbauung oder für eine wissenschaftliche Exegese geschrieben, sondern um etwas zu erreichen, etwas auszulösen, um zu den Arbeitern zu sprechen. Wir sollten Marx also nicht als Text behandeln. Brauchen wir einen Übersetzer wie Althusser, um uns erklären zu lassen, was Marx *wirklich* meinte? Althusser ist ein sehr kluger Mann, aber was er über Marx sagt, ist nicht Marx. Begriffe wie ›Essenz‹ und ›Dialektik‹ sind hegelianisch; Basis und Überbau sind eindeutig.«

»Bist du mit Althusser befreundet?«, fragte Cal.

»Althusser war mir Lehrer und Lotse, aber ich bin überzeugt, dass Marx nicht die Absicht hatte, dass sich zukünftige Generationen über seine Werke die Köpfe zerbrechen. Er hat sie als Reaktion auf die herrschenden Verhältnisse geschrieben und wollte damit eine unmittelbare Aktion erzeugen.«

»Verglichen mit Sartre oder Althusser, wie siehst du die Rolle des Intellektuellen in der Gesellschaft?«, fragte John.

»Mittlerweile sehe ich den Intellektuellen als eine Art Funktionär. Es gibt heutzutage so viele Arten von Intellektuellen. Einige Universitäts-Intellektuelle kollaborieren mit Wirtschaftstypen und andere sitzen in Ausschüssen und beschäftigen sich mit kommunalen Problemen. Der Intellektuelle ist ein Werkzeugmacher, und er kann nicht vorgeben oder gar voraussehen, wie die Werkzeuge, die er erschafft, von den Leuten benutzt werden. Selbst in dieser Hinsicht ist der Intellektuelle kein Prophet.«

»Also lehnst du die ganze Leninistische/Lukácsche-Idee der Avantgarde ab, die Idee der Parteiintellektuellen, die eine Wahrheit erkennen, die die Massen nicht sehen können«, schlussfolgerte Cal.

»Absolut.«

Das Feuer erlosch, also bot Foucault an, ein bisschen Holz zu hacken, und ging zum Holzstapel, den wir von der Veranda aus sehen konnten. David warnte ihn vor den großen Klapperschlangen, die hier unterwegs waren, aber das beeindruckte Foucault nicht im Geringsten. Nachdem er sich ein paar gute Stücke ausgesucht hatte, hackte er das Holz mit großem Eifer. Alle gafften ungeniert, als wollten sie sagen: Wie ist es möglich, dass ein so hochkarätiger Pariser Intellektueller mit einer solchen Geschicklichkeit Holz hacken kann? Einen Voltaire oder Sartre konnte man sich bei der Ausführung so einer Tätigkeit eher nicht vorstellen.

»Aber ich bin ein ganz gewöhnlicher Mann«, hörte ich Michel zu John sagen, der zu ihm gegangen war, um ihm zu helfen. Später sollte ihn die Bear-Canyon-Gang nur »Country Joe Foucault« nennen, wahrscheinlich inspiriert von seinem bodenständigen Auftreten und seinen Holzhackfähigkeiten.

Als ich zu ihm ging, sprach er mit John über Sexualität und hatte gerade sanft das Wort *»jouissance«* gesagt.

»Was hast du gesagt?«, plärrte ich taktlos dazwischen, mein erbärmliches Verständnis von gesprochenem Französisch offenbarend.

»Jouissance«, rief Foucault und durchbohrte mich mit seinem Blick. Er war gereizt, als wollte er sagen: Wie kannst du von allen Worten ausgerechnet dieses nicht kennen? Die einzigen anderen Wörter, die ich ihn mit derartiger Emphase benutzen hörte, waren *»amour«*, *»savoir«* und *»vérité«*.

NACH EINER WEITEREN in und vor der Residenz verbrachten Stunde nahm uns David mit auf eine Wanderung auf den Berg hinter der Hütte. Wir durchwateten den Fluss und stiegen einen steilen schmalen Pfad hinauf, der zu einem sonnenüberfluteten, mit Kakteen und Salbei bedeckten Gipfel führte. In der Ferne stand eine Kolonie Yucca-Pflanzen.

»Diese Yucca sieht aus wie ein Strauß Schlangen«, sagte ich.

»Für mich sieht das eher wie Spargel aus«, entgegnete Foucault lachend.

»Wenn die Yucca blüht, entsprießt ihr ein gigantischer, mit winzigen Blüten bedeckter Phallus«, sagte ich. »Ein Wald blühender Yuccas ist wie dieser Palast aus Sandsteinschwänzen in den Canyonlands von Utah. Michel, das wird unser nächster Trip.«

Foucault begrüßte diese Aussicht mit einem breiten Lächeln und verbindlicher Zustimmung.

David wurde vom Drang übermannt, auf eine große Gelbkiefer zu klettern.

Foucault war begeistert, lief um den Baum herum und rief: »*Oh, là, là, oh, là, là,* David, du bist wirklich mutig.«

Als David vom untersten Ast herabstieg, sagte Foucault

zu ihm: »Ich liebe diese Berge durch dich. Du bringst die Berge zu mir.« Zu Cal meinte er: »Selbst ein geborener Marxist wie du muss doch einfach die Berge mögen.« Alle lachten.

Cal nahm Foucault beiseite, um ihn in ein Gespräch über Psychologie zu verwickeln. Wir hörten, wie Foucault sagte, dass unser Unterbewusstsein von anderen für andere geformt wird. Um die Natur des Unterbewussten zu erkennen, müssen wir unserem Diskurs zuhören und dem der anderen.

Nachdem wir einen Moment schweigend auf den San Antonio Canyon geblickt hatten, der seine massiven Schenkel zu einer Umarmung mit dem am Horizont hockenden Ozean öffnet, gingen wir weiter den nun breiter werdenden Pfad hoch. Jake sagte, dass ihn die massiven, freiliegenden Wurzeln der Kiefern, die wie ein Schwarm gigantischer Würmer den Berg hinunterflossen, stets an Sartres Idee von Ekel und Kierkegaards *Krankheit zum Tode* denken ließen.

Foucault fragte uns, warum Amerikaner so vom Tod besessen seien. »Es gibt hier so viele Bücher über den Tod«, sagte er. »In Amerika ist das Beerdigungsinstitut ein Wahrzeichen, wohingegen sich Bestatter in Europa unauffällig verhalten.«

»Amerikaner sind äußerst materialistisch. Sie leiden unter dem Zwang, an den Verlust ihrer Sachen zu denken«, antwortete Jim.

»Und sie sind egoistisch, also ist der Verlust des Selbst eine Angst einflößende Aussicht«, sagte John.

»Hast du *Tod in Hollywood* gesehen, den Film, der auf

Evelyn Waughs Roman über den lächerlichen und protzigen Forest Lawn Cemetery in Los Angeles basiert?«, fragte David.

»Oh ja, habe ich«, antwortete Foucault. »Ich mochte ihn. Er hat mir eine Menge über die amerikanische Art zu sterben erzählt. Vielleicht fahren wir da mal vorbei, dann kann ich dich nackt sehen«, sagte Foucault mit einem Grinsen und auf die am Eingang stehende Replik von Michelangelos *David*-Skulptur anspielend.

»Hältst du immer noch an dem Konzept des ›death of man‹ fest, ›his visage …‹?«, fragte Jim. Er erzählte Foucault, dass er *Die Ordnung der Dinge* ein ganzes Jahr lang in seinem Rucksack herumgetragen und bei jeder sich bietenden Gelegenheit gelesen hatte.

»Heute glaube ich, dass das Buch in einem zu pessimistischen Ton endet«, entgegnete Foucault. »Ich habe meine Sichtweise seitdem geändert. Ich bin jetzt hoffnungsvoller, vor allem auch angesichts der heutigen Jugend. Sogar in Frankreich etablieren die Kinder neue Arten der Beziehungen zu ihren Familien. Ich glaube nicht länger daran, dass der Mensch verschwinden wird wie ein Gesicht im Sand. Das war sowieso alles viel zu apokalyptisch.«

Cal sagte Foucault, dass er das Gefühl habe, irgendeine Art von Psychotherapie zu brauchen. Er fragte Michel, welche er empfehlen würde. »Wie wär's mit der freudschen?«, schlug Cal vor.

Michel stimmte zu: »Die freudsche ist gut.«

»In Anbetracht der Tatsache«, sagte ich, »dass Cal derzeit wie so viele von uns zwischen revolutionärer und klinischer Schizophrenie schwankt –« Foucault unterbrach mich mit einem lang anhaltenden Lachanfall, als hätte er noch nie von diesen von Deleuze so benutzten Begriffen gehört, »– hätte ich gedacht, Schizoanalyse sei angebrachter.«

»Es kann keine generelle Theorie der Psychoanalyse geben; jeder muss das für sich selber machen«, stellte Foucault klar.

DER POOL

Wir kamen an einen natürlichen Pool im Felsen. Während einige der Männer ihre Wandershorts auszogen und in das eisige Wasser hineinwateten, gesellte sich eine andere Gruppe zu Foucault, der auf einem gefährlich über einen Wasserfall ragenden Felsen saß. Er bewunderte eine Schar Blauhäher, die von den Bäumen ungeduldig auf uns herunterstarrten wie wir im Wasser herumsprangen, vermutlich in der Hoffnung, dass wir sie irgendwann fütterten.

David warnte Michel: »Die solltest du lieber nicht bewundern. Sie haben gelernt, sämtliche anderen Vogelstimmen zu imitieren. Mit dieser Waffe sind diese Räuber in der Lage, das Brut- und Aufzuchtverhalten aller anderen Vögel zu stören. Sie übernehmen den Wald.«

»Ja, die Blauhäher erinnern mich an bestimmte Gruppen von Menschen«, sagte Chris.

Foucault hörte aufmerksam zu und rückte näher zu David.

Nach einer Weile nahm ich erneut das Gespräch auf, sehr zu Foucaults Leidwesen. »Bist du mal Klossowski begegnet? Ich bin sehr begeistert von seiner Idee des ›kreativen Chaos‹, dem Motiv, mit dem er sein Buch über Nietzsche beendet.«

»Oh ja. Ich empfinde große Hochachtung für Klossowski. Was für eine bemerkenswerte Familie – Rilke war sein Halbbruder, und Balthus, der Maler …« Foucault hielt inne. Er hatte in einem ernsten, beinahe ehrfürchtigen Ton gesprochen, der auf tiefen Respekt für das durch seine Kollegen generierte Wissen schließen ließ.

Foucault sprach noch ein paar Minuten mit David über ähnliche Themen, dann lenkte David mit seinem einnehmenden Charme das Gespräch in intimere Gefilde. Er richtete seine tief liegenden, fragenden, besorgt wirkenden Augen auf Foucault und sagte: »Michel, bist du glücklich?«

»Ich bin glücklich mit meinem Leben, aber nicht so sehr mit mir selbst«, sagte Michel.

»Mit anderen Worten, du bist nicht stolz auf dich, aber glücklich darüber, wie sich dein Leben entwickelt hat und wie es sich entfaltet.«

»Ja.«

»Eine solche Unterscheidung erscheint mir schwierig. Wenn dir gefällt, wie dein Leben verlaufen ist und du eine Art Verantwortung dafür empfindest, solltest du dann nicht auch mit dir selbst zufrieden sein?«

»Ich fühle mich aber nicht für das verantwortlich, was mir in meinem Leben widerfahren ist.«

»Aber denkst du nicht, dass Nietzsche glaubte, dass es wichtig ist zu versuchen, *den Willen* zu spüren, den man als Mensch in sich trägt?«

»Nein, ich denke nicht, dass Nietzsche das gesagt hat. Nietzsche beschwor die Macht des Individuums als Instrument, um die vorherrschende moralische Ordnung zu bekämpfen, aber er gehört in keiner Weise zur Tradition des Individualismus, die den individuellen Menschen im historischen Kontext als wichtig begreift.«

»Vielmehr wies er darauf hin«, fuhr Foucault fort, »wie wenig der Mensch für seine Natur verantwortlich ist, vor allem in Bezug auf das, was er als dessen Moral verstand.

Moral war konstitutiv für das individuelle Wesen. Das Individuelle ist bedingt und geformt vom Gewicht moralischer Tradition und nicht wirklich autonom.«

»Wie wirkte sich deiner Meinung nach Nietzsches Gesundheit auf sein Werk aus? Ist es mit Blick auf seine intellektuelle Position – dem ›kreativen Chaos‹, das Simeon gerade erwähnte – von Bedeutung, dass er verrückt wurde?«

»Was Nietzsches Gesundheit angeht, muss man zwei Aspekte berücksichtigen. Der eine ist, dass er sehr krank war und sein Körper ihn im Stich ließ. Es ging ihm sehr schlecht. Das muss man berücksichtigen, wenn man sein Leben betrachtet. Natürlich gibt es da auch Nietzsches Wahnsinn, aber …« Die Wendung des Gesprächs schien ihn zu nerven.

Ich intervenierte, indem ich ihn fragte, wann genau Nietzsche seine große Wirkung auf ihn entfaltet hatte. Ich wusste schließlich, dass er eine französische Werkausgabe herausgegeben hatte.

»Als ich in Paris Philosophie studierte, habe ich ein bisschen Nietzsche gelesen, aber erst als ich 1959 aus Schweden zurück nach Paris kam, las ich Nietzsche *wirklich.* Seitdem wundere ich mich darüber, dass er mir als Philosophiestudent nicht so viel bedeutet hat.«

»Michel, mir scheint«, warf David ein, »du bist insoweit Nietzscheaner, dass du seinem Motto ›Gefährlich leben!‹ folgst.«

Foucault lachte und sagte: »Warum sagst du das?«

»Nun ja, was ist mit dem Death-Valley-Trip?«, sagte David und hob die Augenbrauen.

»Oh, das war nicht riskant. Ich hatte ja Simeon und Michael bei mir«, sagte Foucault mit einem ironischen Unterton, als würde er David in Bezug auf sein risikofreudiges Wesen zustimmen.

»Woran hast du während deines Trips gedacht?«

»Ich habe unter anderem den Grund dafür erkannt, warum ich Malcolm Lowry so liebe. Ich begriff, dass Lowry eine halluzinogene Erfahrung auf Alkohol hatte. Er nutzte sie für eine Vision, als eine Art Wahrheitsexperiment.«

»Magst du Kokain?«, fragte John und schnaubte seine Stirnhöhlen frei.

»Eher nicht. Ich empfinde es als lusthemmend.«

Lance wollte wissen, ob Foucault brasilianische Männer gefielen.

»Sehr«, sagte er. »Ich habe einen Geliebten in Brasilien.«

»Wie hast du ihn kennengelernt?«

»Ich ging allein am Strand entlang, und er kam mir entgegen. Er lächelte mich direkt an. Mehr brauchte es nicht. Was ich vor allem an Brasilien mag und auch an Kalifornien, ist, dass die Jungs nicht übertrieben stolz oder arrogant sind. Anders als in Europa stolzieren sie nicht herum; sie sind entspannt mit ihren Körpern. Sie sind zugänglich. Ein bisschen wie im alten Griechenland.«

»Woran, glaubst du, liegt es, dass die Jungs in Brasilien so zugänglich sind?«, hakte Lance nach.

»Vielleicht, weil so viele von ihnen arm sind«, entgegnete Foucault.

WIR VERLIESSEN DEN POOL und wanderten weiter zu den Bear Flats, einer üppigen Wiese, umschlossen von den Flanken des Mount Baldy. Ich machte ein paar Fotos mit meiner Leica, während Foucault mit Lance inmitten der jadegrünen Blätter eines Bärentraubengartens entlangschlenderte. Sie sprachen über die jungen Männer Marokkos. Als sie zurückkamen, verkündete ich die traurige Nachricht, dass es an der Zeit war, vom Berg hinabzusteigen und zu diesem infernalischen Oxymoron zurückzukehren, dem smogverpesteten Claremont.

Auf dem Pfad ging Michel zuweilen allein, meistens aber war er in Begleitung von einem oder mehreren der jungen Männer. Sie kriegten einfach nicht genug voneinander.

Als wir den letzten Steilhang erreichten, sprachen Lance und ich gerade mit Foucault, während wir eine gefährliche, an einen Tarzan-Film erinnernde hölzerne Treppe hinabstiegen. »Gehst du gerne ins Kino, Michel?«, fragte ich.

»Ja. Aber ich verpasse viel. In Paris läuft ein Film ungefähr einen Monat lang. Ich verlasse die Stadt, und wenn ich zurückkomme, ist der Film schon abgesetzt.«

»Wer gehört zu deinen liebsten Filmemachern?«

»Fellini, Antonioni, Polanski. *Chinatown* hat mir sehr gefallen.«

»Keine amerikanischen Regisseure auf deiner Liste?«

»Wahrscheinlich ist es dumm von mir«, sagte Foucault. »Aber es ist schwierig für mich, amerikanische Filme zu würdigen, weil sie so sehr von den Großproduktionsaspekten Hollywoods bestimmt sind. Wenn ich die Techniken des Regisseurs nicht begreife und wie diese in einem

Film wirken, fällt es mir schwer, genau zu erkennen, was der Regisseur zu sagen versucht, vor allem, wenn er mit den Mitteln dieser Art von Großproduktionen arbeitet.«

»Fallen dir irgendwelche amerikanischen Regisseure ein?«, erkundigte sich David, als er sich uns für den letzten Teil des Weges anschloss.

»Hitchcock. Ich habe vor Kurzem *Psycho* gesehen, und der hat mir sehr gefallen. Er ist barock. Ich würde ihn noch mal sehen. Und *Vertigo* auch.«

Foucault wandte sich zu David und sagte: »Warum erzählst du mir nicht ein bisschen mehr von dir?«

»Ich will wirklich nicht über mich reden«, gab David zurück, »aber das scheint mir unmöglich zu sein, obwohl ich das Gefühl habe, dass ich es nicht tun sollte. Du bist so zurückhaltend, Michel, während ich mich in einem Teufelskreis der Selbstmanifestierung gefangen fühle. Ich habe Phänomenologie studiert in der Hoffnung, zu verstehen, was in mir vorgeht.«

»Aber Phänomenologie ist mittlerweile so schematisch«, entgegnete Foucault. »Sie dringt nicht wirklich zum Kern der *empirischen* Situation des Menschen vor. Die Phänomenologen hindern die Menschheit daran, die wirklichen Fragen über ihre Existenz zu stellen. Trotzdem sind phänomenologische Fragen vermutlich wichtig. Man muss durch sie hindurch.«

»Du glaubst also nicht, dass ich zu ichbezogen bin?«, sagte David.

»Es bringt nichts, sich darüber Sorgen zu machen, dass man sich zu sehr mit sich selbst beschäftigen könnte, das verstärkt nur das Um-sich-selbst-Kreisen«, sagte Foucault.

»Wenn es das ist, was dein Verstand an einem bestimmten Punkt und zu einer bestimmten Zeit tut, dann lass ihn einfach. Das ist nichts, was du zu ändern versuchen solltest.«

»Manchmal habe ich das Gefühl, dass ich all diese Fragen über mich selbst einfach ignorieren sollte«, fuhr David fort. »Es ist eine Verschwendung von Zeit und Energie und auf eine Art selbstzerstörerisch.«

»Ganz im Gegenteil! Du solltest dich durch diese subjektiven Fragen arbeiten, vor allem in deiner Jugend«, kommentierte Foucault. »Ein Mensch, der das getan hat, wird in seinen Dreißigern und danach in besserer psychischer Verfassung sein. Wenn Menschen diese vorübergehenden psychologischen Krisen nicht durchleben, werden sie in ihren Dreißigern und darüber hinaus Probleme haben.«

»Es beeindruckt mich, wie gesellig du bist, Michel«, bemerkte Lance.

»Nein, ich bin überhaupt nicht gesellig«, gestand Foucault. »Ich versuche, gesellschaftliche Ereignisse zu meiden. Aber ich fühle mich schrecklich, wenn ich anderer Leute Gefühle verletze. Vor Kurzem haben mich ein paar Studenten zur Stanford University gefahren. Ich sollte dort einen Vortrag halten. Die Studenten verrieten mir, dass für mich im Fakultätsclub ein Mittagessen geplant war. Ich sagte ihnen, dass ich Fakultätsclubs und formelle Essen mit den *Mandarins* verabscheue. Die Studenten erzählten einigen Fakultätsmitgliedern davon, und das Essen wurde kurzerhand abgesagt. Ich fühlte mich schrecklich.«

»Hat dir die Fakultät in Stanford gefallen?«, fragte John.

»Überhaupt nicht. Sie sind unglaublich spießig.«

»Wenn du eine Vorlesung gibst, scheinst du es zu genießen«, fuhr John fort.

»Ich halte gute Vorlesungen, wenn ich mich gut fühle«, sagte Foucault. »In bestimmten Situationen fühle ich mich wohl mit Menschen, aber für gewöhnlich nicht vor großen Menschengruppen. Bevor ich einen Vortrag halte, also arbeiten muss, kann ich nicht mal essen.«

»Warum bringen dich große Gruppen, die kommen, um dir zuzuhören, so aus der Fassung?«, fragte John.

»Ich glaube einfach nicht, dass es ihnen ernst ist«, antwortete Foucault. »Wenn sich zu viele Leute versammeln, geht das immer auf Kosten der Intensität. Man muss Kontakt aufnehmen können, damit es eine wirkliche Kommunikation geben kann und Ernsthaftigkeit in Bezug auf das, was gerade passiert und gesagt wird.«

»Was ist mit den großen Zusammenkünften von Studenten in Paris im Mai 1968? Waren die nicht ernsthaft?«, mischte sich Cal ein.

»Das ist etwas anderes«, rügte Foucault ihn. »In Frankreich war die Theatralik der Demonstranten, die Krawallmacherei, ein Zeichen ihres Engagements, ihrer Ernsthaftigkeit, ihrer Aggression gegen das System.«

»Hatten die Ereignisse vom Mai '68 einen starken Effekt auf dich?«, fragte Jim.

»Fundmental!«, war die Antwort. »Das hat meine Arbeit erst möglich gemacht. Ich bin sehr beeindruckt von den Sechzigern als Phänomen. Ich glaube, dass die Revolution, die zu dieser Zeit ausgelöst wurde, immer noch anhält, aber auf eine sehr viel ruhigere Art und Weise.«

»Ich verstehe einfach nicht, warum der Maoismus so eine Faszination auf die französische Linke ausübt«, sagte Cal. »Der chinesische Weg kann nicht auf den Westen angewandt werden.«

Foucault stimmte zu. »Das kann er nicht. Die Chinesen sind sehr schematisch in ihrer Herangehensweise an die Dinge.«

»Ich habe gelesen, dass sich die Kommunistische Partei Frankreichs unlängst gegen das chinesische Regime ausgesprochen hat«, sagte Cal.

»Das überrascht mich nicht«, sagte Foucault. »Die Kommunistische Partei Frankreichs steht immer noch stark unter dem Einfluss der Sowjets.«

David drehte sich abrupt zu Foucault und sagte: »Ich bin wirklich ernüchtert von der akademischen Psychologie und Verhaltensforschung.«

»Beides läuft auf dasselbe hinaus, es ist wie die Unterscheidung zwischen klinischer Psychologie und Psychiatrie«, kommentierte Foucault. »Psychologie mit ihrem Schwerpunkt auf Tests, Psychiatrie mit ihrem …«

Hier brach das Gespräch ab, da wir den Parkplatz am Fuße des Canyons erreicht hatten. Michel verabschiedete sich aufs Liebenswürdigste von der Gruppe junger Männer. Als wir im Auto saßen, konnte ich nicht anders und sagte: »Michel, so viele von uns hier lieben dich. Du spürst sicher, wie dankbar wir für deine Arbeit sind und die Erleuchtung, die du uns gebracht hast.«

Er wirkte verblüfft und sah mich ungläubig an, bedankte sich aber bescheiden.

DAS GRÜNDERZIMMER

Bei dem späten Mittagessen am Claremont Men's College mit einigen Mitgliedern der Fakultät war Foucault herzlich und charmant, er wirkte nach wie vor beseelt von der Heiterkeit und Wärme des Bear Canyons. Eine Geschichtsprofessorin versuchte, ihn in ein Gespräch über ihr Spezialgebiet zu verwickeln, amerikanische Militärgeschichte des frühen 19. Jahrhunderts. Schließlich gab sie auf und wollte wissen, was er über seinen Trip ins Death Valley dachte.

Er antwortete: »Es war die größte Erfahrung meines Lebens.«

Nach dem Essen nahm ich Foucault mit in mein Büro an der Claremont Graduate School. Ich erzählte ihm davon, wie David und ich während meiner ersten Jahre hier, wenn es in den Bergen zu kalt wurde, zusammen mit unseren Hunden in meinem Büro geschlafen hatten. Wir waren zu arm, um uns eine Wohnung leisten zu können. Eines Morgens verschliefen wir, und die Sekretärin fand uns leicht bekleidet auf dem Boden des Büros. Foucault lachte sehr über diese Geschichte.

Ich zeigte ihm das vor Kurzem vollendete Manuskript meines Buches *Luxus und Beschränkung in der Aufklärung*. Er drückte seine Anerkennung aus, mehr jedoch nicht.

Ich holte eine Kopie eines Textes hervor, den ich kürzlich geschrieben hatte, er trug den Titel ›Der frühe Foucault‹. Er blickte auf das Manuskript und lächelte, las aber nicht mal den ersten Satz.

»Wenn ich etwas sage«, sagte er, seinen stählernen Blick

direkt auf mich gerichtet, »dann spreche ich über die Gegenwart. Was ich sage, soll nicht für die Zukunft sprechen, zumindest nicht in dem Sinn, dass es zwangsläufig für die Zukunft gilt oder dass ich in der Lage wäre zu wissen, wie es in der Zukunft benutzt werden wird.«

Die letzte offizielle Verpflichtung, der er sich stellen musste, war eine Diskussion mit meinem Kurs im Gründerzimmer. Als Michel in den fein vertäfelten Saal ging, strahlte er. Man konnte sehen, dass er sehr angetan war von der versammelten Gruppe junger Männer und Frauen und ihrer Offenheit und Neugier. Allem Anschein nach war das die Art von Gesellschaft, in der er sich wohlfühlte.

Er saß mit übereinandergeschlagenen Beinen auf dem Tisch und wägte die ihm gestellten Fragen ab, bevor er sie mit dem Charisma eines John Gielgud beantwortete. Der Death-Valley-Trip und die Bear-Canyon-Wanderung schienen ihn noch aufgeschlossener gemacht zu haben und sein öffentliches Sprechen noch geschliffener. Er sprach großzügigerweise auf Englisch und offenbarte diese unvergleichliche, ihm eigene Qualität, seine Fähigkeit zum klaren Ausdruck. Einer der Studenten nahm das Gespräch auf Tonband auf. Toni Tosch, eine erfahrene Sekretärin in Claremont, hat es großartig transkribiert, und ich habe es leicht bearbeitet, um die englische Syntax flüssiger zu machen.

/

STUDENT: Ich möchte nach der Beziehung zwischen Diskurs und Macht fragen. Wenn Diskurs der Kern einer unabhängigen Macht ist, die Quelle der Macht – sofern »Quelle« das angemessene Wort ist –, wie finden wir diese Quelle? Was ist der Unterschied zwischem dem, was du in deiner Analyse des Diskurses machst, und dem, wonach die traditionelle phänomenologische Methode strebt?

FOUCAULT: Mir geht es nicht darum, hinter dem Diskurs etwas zu finden, das die Macht und Quelle des Diskurses wäre, wie bei einer phänomenologischen Beschreibung oder irgendeiner anderen Interpretationsmethode. Wir beginnen beim Diskurs, *wie er ist!* In einer phänomenologischen Darstellung versucht man, anhand des Diskurses etwas über das sprechende Subjekt herauszufinden; die Intentionen des gedachten Gedankens des sprechenden Subjekts.

Die Art der Analyse, die ich vornehme, beschäftigt sich nicht mit dem Problem des sprechenden Subjekts, sondern untersucht, auf welche Weise der Diskurs innerhalb des strategischen Systems, in das Macht involviert ist, für das die Macht arbeitet, eine Rolle spielt. Damit Macht nicht zu etwas wird, das sich außerhalb des Diskurses befindet. Damit Macht nicht zur Quelle oder zum Ursprung des Diskurses wird. Macht wird zu etwas, das durch den Diskurs wirkt, da der Diskurs selbst Teil eines strategischen Systems von Machtverhältnissen ist. Ist das verständlich?

/

STUDENT: Angenommen, man schreibt über ein derartiges Diskurssystem, enthält dann der Text, den man schreibt, die Macht? Reproduziert oder wiederholt er die Macht? Sind das die richtigen Worte dafür? Oder würdest du eher sagen, er intendiert die Macht oder den Sinn – oder sollen wir sagen, »hat die Macht als seinen Sinn«?

FOUCAULT: Nein, die Macht ist nicht der Sinn des Diskurses. Der Diskurs ist eine Serie von Elementen, die innerhalb des allgemeinen Mechanismus der Macht arbeitet. Man muss den Diskurs also als eine Serie von Ereignissen sehen, wie politische Ereignisse, durch die Macht übermittelt und ausgeführt wird.

/

STUDENT: Wie verhält es sich mit dem Text des Historikers? Was sagt eigentlich der Historiker über den Diskurs der Vergangenheit? Was ist die Beziehung zwischen Macht und dem Text des Historikers?

FOUCAULT: Ich verstehe nicht ganz, warum du über den Diskurs der Historiker sprichst. Aber darf ich ein anderes Beispiel benutzen, das mir vertrauter ist?

Das Problem des Wahnsinns, des Diskurses über den Wahnsinn, und was in bestimmten Zeiten über Wahnsinn gesagt worden ist: Ich glaube nicht, dass es um die Frage geht, wer diesen Diskurs überliefert hat oder wie der Wahnsinn zu einer bestimmten Zeit im Bewusstsein der Menschen beurteilt oder sogar wahrgenommen wurde. Es geht darum, den Diskurs über den Wahnsinn zu betrachten, die Institutionen für den Wahnsinn, die Formen, in denen die Menschen ausgeschlossen wurden, weil sie keine Jobs hatten oder homosexuell waren etc.

Alle diese Elemente gehören zu einem System der Macht, in dem der Diskurs nur ein Bestandteil ist, der zu anderen in Relation steht. Elemente, die Partnerschaften sind. Die Analyse besteht darin, die Beziehungen und wechselseitigen Beziehungen zwischen all diesen Elementen zu beschreiben. Ist das klarer?

STUDENT: Vielen Dank.

/

STUDENT: Gestern Abend erwähntest du, dass du gerade ein Buch über Strafrechtsreformen und Rechtssysteme geschrieben hast und die Art der Ausgrenzung, die in diesem Gefüge gewirkt hat. Ich würde gerne wissen, ob du in Bezug auf das Gefängnissystem ein Modell der Macht entwickeln kannst. Wie siehst du das, was mit Gefangenen gemacht wird? Ist es Bestrafung und Rehabilitierung?

FOUCAULT: Nun, ich glaube, dass ich die Form dieser Art der Macht, dieses Systems der Macht, gefunden habe. Ich fand sie in Benthams Panopticon sehr gut beschrieben. Wir können das System der Ausgrenzung von Wahnsinn im 17. und 18. Jahrhundert sehr grundsätzlich beschreiben. Am Ende des 18. Jahrhunderts brachte die Gesellschaft eine Form der Macht hervor, die nicht auf *Exklusion* basierte, wie wir immer noch sagen, sondern auf *Inklusion* innerhalb des Systems, in dem jeder bei Tag und Nacht beherbergt, begutachtet und beobachtet werden sollte und mit seiner eigenen Identität verknüpft ist.

Wie du weißt, hat Jeremy Bentham vom perfekten Gefängnis geträumt, also einer Art von Gebäude, das ein Krankenhaus oder ein Gefängnis sein könnte, ein Heim, eine Schule oder eine Fabrik, und in dessen Zentrum sich ein ringsum mit Fenstern versehener Turm befindet. Dann gibt es da noch einen Raum, der vollkommen leer ist, und ein anderes Gebäude mit Zellen ringsherum und Fenstern hier, hier und hier. [Foucault skizzierte auf der Tafel Benthams Modellgefängnis.]

In jeder dieser Zellen ist entweder ein Arbeiter oder ein Wahnsinniger untergebracht, ein Schuljunge oder ein Gefangener. Man braucht nur einen einzigen Mann, hier im zentralen Turm, um genau beobachten zu können, was sie die ganze Zeit über in diesen kleinen Zellen machen. Für Bentham ist dies das wahre Ideal für all die Leute in Anstalten. In Bentham habe ich den Kolumbus der Politikwissenschaft gefunden. Ich glaube, man findet im Panopticon eine Art mythologisches Leitmotiv für die neue Art des Machtsystems, das unsere Gesellschaft heutzutage benutzt.

/

STUDENT: Siehst du dich als Philosoph oder als Historiker?

FOUCAULT: Weder noch.

STUDENT: Aber ist nicht Geschichte das zentrale Subjekt deiner Arbeit? Was ist die Grundlage deiner Idee von Geschichte?

FOUCAULT: Mein Ansatz war immer eine Analyse des Diskurses, aber nicht aus der Perspektive des »Standpunkts«. Mein Ansatz basiert auch nicht auf den Methoden der Linguistik. Die Idee der Struktur hat keine Bedeutung für mich. Was mich an dem Problem des Diskurses interessiert, ist die Tatsache, dass jemand in einem bestimmten Moment etwas gesagt hat.

Ich möchte nicht den Sinn, sondern die Funktion der Tatsache herausarbeiten, dass diese Sache von jemandem an diesem Punkt gesagt worden ist. Das ist es, was ich das »Ereignis« nenne. Für mich besteht die Aufgabe darin, den Diskurs als eine Serie von Ereignissen zu betrachten und Verbindungen zu ziehen und Beziehungen zu beschreiben zwischen diesen Ereignissen, die wir diskursive Ereignisse nennen können, und den anderen Ereignissen im wirtschaftlichen System oder im politischen Bereich, in Institutionen und so weiter.

Von diesem Standpunkt aus gesehen ist Diskurs nicht mehr als ein Ereignis unter anderen, aber natürlich verfügen diskursive Ereignisse inmitten anderer Ereignisse über spezifische Funktionen. Ein ähnliches Problem ist es festzustellen, was diese spezifischen Funktionen des Diskurses ausmacht, und bestimmte Diskurse inmitten anderer zu untersuchen. Ich untersuche außerdem die strategischen Funktionen bestimmter Arten diskursiver Ereignisse in einem politischen System oder einem Machtsystem. Reicht das?

/

STUDENT: Wie würdest du deine Auffassung von Geschichte beschreiben? Wie kommt die geschichtliche Dimension in den Diskurs?

FOUCAULT: Da ich Diskurs für eine *Serie* von Ereignissen halte, befinden wir uns automatisch in der Dimension der Geschichte. Das Problem ist, dass sich die meisten Historiker fünfzig Jahre lang dafür entschieden haben, nicht Ereignisse, sondern Strukturen zu untersuchen und zu beschreiben. Auf dem Gebiet der Geschichte findet gerade eine Art Rückbesinnung auf Ereignisse statt.

Was ich meine, ist dies: Für die Historiker im 19. Jahrhundert war ein Ereignis eine Schlacht, ein Sieg, der Tod eines Königs oder Ähnliches. Gegen diese Art von Geschichtsschreibung haben die Historiker der Kolonien oder Gesellschaften und so weiter gezeigt, dass es in der Geschichte viele permanente Strukturen gegeben hat. Die Aufgabe des Historikers war es, diese Strukturen sichtbar zu machen. In Frankreich sehen wir diese Zielsetzung im Werk von Lucien Febvre, Marc Bloch und so weiter. Heute nun kehren Historiker zu den Ereignissen zurück und versuchen aufzuzeigen, wie wir über wirtschaftliche oder demografische Entwicklung als ein Ereignis sprechen können.

Als Beispiel will ich ein Thema wählen, das schon seit vielen Jahren untersucht wird: Die Funktionsweise der Geburtenkontrolle im sexuellen Leben der westlichen Gesellschaft ist immer noch sehr rätselhaft. Dieses Phänomen ist ein sehr wichtiges Ereignis vom Standpunkt der Ökonomie und aus einer biologischen Perspektive. Wir wissen, dass Geburtenkontrolle in England und Frankreich viele Jahrhunderte lang praktiziert worden ist. Natürlich fand die Praxis der Geburtenkontrolle vor allem in kleinen, aristokratischen Kreisen statt, aber es gab sie auch unter sehr armen Menschen. Wir wissen jetzt, dass die Geburtenkontrolle im Süden Frankreichs und auf dem Land seit der zweiten Hälfte des 18. Jahrhunderts systematisch praktiziert worden ist. Das ist ein Ereignis.

Nehmen wir ein anderes Beispiel: Ab einer bestimmten Zeit im 19. Jahrhundert ist der Anteil von Protein im Essen gestiegen und der von Knorpel gesunken. Das konstituiert ein historisches, ökonomisches, biologisches Ereignis. Der Historiker muss diese Prozesse nun als neue *Arten* von Ereignissen untersuchen. Ich glaube, das ist etwas, das Leute wie ich mit Historikern gemein haben. Ich bin kein Historiker im strengen Sinne. Aber wir teilen ein Interesse am Ereignis.

/

STUDENT: Wo in dieser neuen Art geschichtlicher Untersuchung verortest du das, was du die Archäologie des

Wissens nennst? Bezieht sich dein Gebrauch der Formulierung »Archäologie des Wissens« auf eine neue Art von Methodik, oder ist es eine einfache Analogie zwischen den Techniken der Archäologie und der Geschichtswissenschaft?

FOUCAULT: Lass mich kurz zurückgehen und etwas zu dem hinzufügen, was ich über das Ereignis als Hauptobjekt von Forschung gesagt habe. Weder die Logik des Sinns noch die Logik von Struktur sind für diese Art von Forschung relevant. Wir brauchen nicht die Theorie und Logik des Sinns und auch nicht die Logik oder Methode der Struktur; wir brauchen etwas anderes.

STUDENT: Ich verstehe. Kannst du jetzt etwas zu der Frage sagen, ob die Archäologie des Wissens eine neue Methode ist oder nur eine Metapher?

FOUCAULT: Nun …

STUDENT: Ist sie wesentlich für dein Geschichtsverständnis?

FOUCAULT: Ich benutze das Wort »Archäologie« aus zwei oder drei Hauptgründen. Der erste ist, dass wir mit dem Wort »Archäologie« spielen können. »Archè« bedeutet im Griechischen »Anfang«. Im Französischen benutzen wir auch das Wort »l'arche«, um die Art und Weise zu benennen, auf die diskursive Ereignisse registriert wurden und aus den Archiven extrahiert werden können. »Archäologie« verweist also auf die Art von Forschung, die versucht, diskursive Ereignisse auszugraben, als wären sie in einer *arche* registriert worden.

Der zweite Grund, aus dem ich diesen Begriff benutze, bezieht sich auf ein bestimmtes Ziel von mir. Ich möchte ein historisches Feld in seiner Gesamtheit wiederherstellen, mit all den politischen, ökonomischen und sexuellen Verbindungen und so weiter. Meine Aufgabe ist es herauszufinden, was es zu analysieren gilt, was der genaue Umstand des Diskurses war. Daher will ich auch kein Historiker sein, sondern wissen, warum und auf welchen Wegen Verbindungen zwischen diskursiven Ereignissen bestehen. Wenn ich das tue, dann deshalb, weil ich einfach nur wissen möchte, was wir *jetzt* sind, heutzutage. Ich möchte mich auf das konzentrieren, was heute mit uns geschieht, was wir sind, was unsere Gesellschaft ist. Ich glaube, dass unsere Gesellschaft und das, was wir sind, eine tiefe historische Dimension hat, und in diesem historischen Raum sind die diskursiven Ereignisse, die sich vor Jahrhunderten oder Jahren zugetragen haben, sehr wichtig. Wir sind in diese diskursiven Ereignisse eingewoben. Auf eine Art sind wir nichts anderes als das, was vor Jahrhunderten, Monaten, Wochen und so weiter gesagt worden ist.

/

STUDENT: Mir scheint, dass jede Machttheorie, ob sie nun auf Strukturen oder Funktionen basiert, immer eine qualitative Besonderheit impliziert. Wenn man die Struktur und Funktion von Machtereignissen in einer bestimmten Gesellschaft erforschen will – zum Beispiel Francos Spanien oder Maos Volksrepublik –, hat man qualitativ unterschiedliche Strukturen und Anwendungen von Macht. In diesem Sinne glaube ich, dass sich jede Machttheorie mit ihrer ideologischen Basis befassen muss. Deshalb ist es sehr schwierig, diese Art von Ereignissen oder Erklärungen über die Struktur oder Funktion von Macht zu ermitteln, ohne Berücksichtigung ihrer politischen Konnotationen. Und daher ist es nicht ideologiefrei.

FOUCAULT: Dem kann ich nur zustimmen.

STUDENT: Aber wenn du dem zustimmst, glaubst du nicht, dass es eine ernsthafte Einschränkung darstellt für den Versuch, ein Paradigma der Macht zu konstruieren, das auf den eigenen politischen Überzeugungen basiert?

FOUCAULT: Aus diesem Grund versuche ich nicht, ein Paradigma dessen abzubilden, was Macht ist. Ich möchte die Wege aufzeigen, auf denen verschiedene Machtmechanismen in unserer Gesellschaft wirken, zwischen uns, in uns und um uns herum. Ich möchte wissen, auf welche Art unsere Körper, unser tägliches Verhalten, unser sexuelles Verhalten, unser Verlangen und unsere wissenschaftlichen und theoretischen Diskurse mit mehreren Machtsystemen verknüpft sind, die wiederum ihrerseits miteinander verknüpft sind.

STUDENT: Aber wie unterscheidet sich deine Position von der eines Menschen, der eine materialistische Interpretation der Geschichte angenommen hat?

FOUCAULT: Ich glaube, der Unterschied besteht darin, dass man im historischen Materialismus am Fuße des Systems die politischen Kräfte verorten muss, dann die Produktionsverhältnisse und so weiter, bis man die Struktur findet, den juristischen und ideologischen Überbau, und schließlich das, was unser eigenes Denken vertiefen wird, wie auch das Bewusstsein der Armen.

Ich glaube, dass Machtverhältnisse einfacher sind und gleichzeitig viel komplizierter – einfacher in dem Sinne, dass man diese pyramidenförmigen Konstruktionen nicht braucht, und komplizierter, weil es da sehr viele wechselseitige Beziehungen gibt, wie zum Beispiel zwischen der Technologie der Macht und der Entwicklung von Produktivkräften.

Man kann die Entwicklung von Produktivkräften nur verstehen, wenn man erkennt, dass in Industrie und Gesellschaft eine bestimmte Art vielgestaltiger Macht wirkt – und zwar innerhalb der Produktivkräfte. Der menschliche Körper ist eine Produktivkraft, das wissen wir, aber *so* existiert der menschliche Körper nicht, also wie ein biologischer Gegenstand, wie ein Stück Material. Der menschliche Körper ist etwas, das in einem und durch ein politisches System existiert. Politische Macht gibt dir einen gewissen Raum, einen Raum, dich zu verhalten, eine politische Haltung zu haben, auf eine bestimmte Art zu sitzen, den ganzen Tag lang zu arbeiten und so weiter.

Marx glaubte und hat auch geschrieben, dass Arbeit die Existenz des Menschen ausmacht. Ich glaube, *das* ist eine typisch hegelianische Idee. Arbeit ist nicht die Essenz des Menschen. Wenn der Mensch arbeitet, wenn der menschliche Körper eine Produktivkraft ist, dann weil der Mensch zur Arbeit verpflichtet ist. Er ist verpflichtet zu arbeiten, weil er von politischen Kräften investiert wird, weil er in Machtmechanismen eingefügt wird und so weiter.

STUDENT: Ich verstehe einfach nicht, wie diese Position die grundlegende marxistische Prämisse widerlegt. Marx glaubte, dass, wenn Menschen zur Arbeit verpflichtet sind, wir genau deswegen dazu verpflichtet sind, in eine Art von Sozialisierung einzutreten, um den Produktionsprozess auszuführen. Eine Folge daraus sind das, was man strukturelle Zusammenhänge nennt.

Wenn man diese Formen von sozialen Beziehungen, die in einer bestimmten Gesellschaft existieren, verstehen will, muss man jene Machtstrukturen untersuchen, die mit den Produktionsprozessen verknüpft sind. Und ich glaube nicht, dass das eine festgesetzte Beziehung ist. Ich meine, ich glaube wirklich, dass es eine wechselseitige Beziehung ist, eine dialektische Beziehung.

FOUCAULT: Das Wort »dialektisch« akzeptiere ich nicht. Nein. Nein! Lass mich das ganz klarmachen. Sobald du »dialektisch« sagst, akzeptierst du zumindest implizit das hegelianische Schema von These und Antithese und damit eine Art von Logik, die meiner Meinung nach unzureichend ist, um eine wirklich konkrete Beschreibung dieser Probleme zu erstellen. Eine wechselseitige Beziehung ist keine dialektische.

STUDENT: Aber wenn du lediglich die Idee des »Wechselseitigen« akzeptierst, um diese Beziehungen zu beschreiben, schließt du jede Form von Gegensatz aus. Deswegen, glaube ich, ist die Verwendung des Wortes »dialektisch« wichtig.

FOUCAULT: Gut, untersuchen wir das Wort »Gegensatz«. Aber zuerst lass mich klarstellen, dass ich froh bin, dass du diese Frage gestellt hast. Ich glaube, dass sie sehr wichtig ist. Also, das Wort »Gegensatz« hat im Feld der Logik eine spezielle Bedeutung. Innerhalb der Logik von Aussagen weiß man genau, was ein Gegensatz ist. Aber wenn man die Realität betrachtet und versucht, eine Vielzahl von Prozessen zu beschreiben und zu analysieren, stellt man fest, dass diese Realitätszonen keine Gegensätze enthalten.

Werfen wir einen Blick ins Feld der Biologie. Dort findet man eine Menge antagonistischer, wechselseitiger Prozesse, aber das bedeutet nicht, dass du einen Gegensatz gefunden hast. Es bedeutet nicht, dass eine Seite des antagonistischen Prozesses positiv und die andere negativ ist. Ich glaube, das ist wirklich wichtig, um dieses Ringen zu verstehen: Antagonistische Prozesse und so weiter bedeuten keinen Gegensatz im logischen Sinn, wie es die dialektische Sichtweise voraussetzt. In der Natur gibt es keine Dialektik. Ich erlaube mir, da anderer Meinung zu sein als Engels, aber in der Natur – und Darwin hat das sehr gut gezeigt – gibt es sehr viele antagonistische Prozesse. Aber sie sind nicht dialektisch. Ich glaube, dass diese Art hegelianischer Formulierung nicht stichhaltig ist.

Wenn ich immer wieder darauf bestehe, dass es Prozesse gibt wie ein Ringen, einen Kampf, antagonistische Mechanismen etc., dann, weil man diese Prozesse in der Realität findet. Es sind keine dialektischen. Nietzsche hat viel über diese Prozesse gesprochen, sogar noch mehr als Hegel. Aber Nietzsche beschrieb diese Prozesse ohne Verweis auf dialektische Beziehungen.

STUDENT: Können wir das auf eine spezifische, konkrete Situation anwenden? Wenn man das Thema der Arbeit in der industriellen Gesellschaft betrachtet, sagen wir, in Bezug auf das spezifische Problem des Arbeiters, ist diese Beziehung dann wechselseitig oder antagonistisch oder was? Wenn ich meine eigenen Probleme in dieser Gesellschaft analysiere, sehe ich sie dann als wechselseitige oder antagonistische Beziehungen?

FOUCAULT: Es ist weder das eine noch das andere. Jetzt führst du das Problem der Entfremdung ins Feld. Aber weißt du, es gibt eine Menge Dinge, die wir über Entfremdung sagen können. Wenn du »meine Probleme« sagst, stellst du dann nicht die grundsätzlichen philosophischen, die wesentlichen theoretischen Fragen, zum Beispiel, was ist Besitz, was ist das menschliche Subjekt? Du sagtest: »*meine* Probleme«. Nun, das ist eine andere Diskussion.

Die Tatsache, dass du Arbeit hast und dass das Produkt dieser Arbeit, deiner Arbeit, jemand anderem gehört, das ist etwas. Es ist kein Gegensatz, es ist keine wechselseitige Kombination, es ist der Gegenstand eines Kampfes, eines Ringens. Also, die Tatsache, dass das, woran du gearbeitet hast, jemand anderem gehört, gibt der Sache keine dialektische Form. Das konstituiert keinen Gegensatz. Du magst glauben, dass es moralisch unvertretbar ist, dass du es nicht ertragen kannst, dass du dich gegen diesen Zustand auflehnen musst, ja, das ist es. Aber das ist kein Gegensatz, kein logischer Gegensatz. Und ich glaube, dass dialektische Logik wirklich sehr schwach ist; es ist sehr einfach, sie zu benutzen, aber sie ist wirklich sehr schwach, wenn man präzise Sinnzusammenhänge, Beschreibungen und Analysen von Machtprozessen formulieren will.

/

STUDENT: Gibt es normative Anliegen, die deiner Forschung zugrunde liegen, und wenn ja, welche sind das?

FOUCAULT: Ist das nicht eine Frage, über die wir gestern Abend gesprochen haben, als mich jemand fragte, was wir jetzt machen sollen?

STUDENT: Ähm, nein. Zum Beispiel deine Wahl der Themen. Was führt dich zu dieser Wahl anstatt zu irgendeiner anderen?

FOUCAULT: Nun, das ist sehr schwer zu beantworten. Ich könnte auf einer persönlichen Ebene antworten, auf einer mutmaßlichen Ebene, oder versuchen, auf einer theoretischen Ebene zu antworten. Ich werde mich auf die zweite konzentrieren, die mutmaßliche.

Gestern Abend hatte ich mit jemandem eine Diskussion. Er sagte: »Du arbeitest zu Feldern wie Wahnsinn, Strafvollzugssystemen etc., aber all das hat nichts mit Politik zu tun.«

Nun, ich glaube, dass er von einem traditionellen marxistischen Standpunkt aus recht hatte. Das bedeutet, dass in den Sechzigerjahren Probleme wie Psychiatrie und Sexualität als eher marginal und unwichtig gesehen wurden, wenn man sie mit den großen politischen

Problemen verglich – die Ausbeutung der Arbeiter zum Beispiel.

Von den Linken in Frankreich und Europa blickte zu der Zeit niemand auf Probleme wie Psychiatrie und Sexualität, weil man sie für marginal und unwichtig hielt. Aber ich glaube, dass wir seit der Destalinisierung in den Sechzigern erkannt haben, dass viele Dinge, die wir für marginal und unwichtig hielten, in Wirklichkeit im politischen Bereich sehr zentral sind, da politische Macht nicht nur in den großen institutionellen Formen des Staates liegt, also in dem, was wir den Staatsapparat nennen.

Es gibt nicht einen Ort, an dem Macht wirkt, sondern viele: in der Familie, im sexuellen Leben, in der Art, wie geisteskranke Menschen behandelt werden, in der Ausgrenzung Homosexueller, in den Beziehungen zwischen Männern und Frauen und so weiter. Das alles sind politische Beziehungen. Wenn wir die Gesellschaft verändern wollen, müssen wir diese Beziehungen verändern.

Das Beispiel der Sowjetunion war da entscheidend. Die Sowjetunion ist ein Land, von dem wir sagen können, dass sich die Produktionsverhältnisse seit der Revolution verändert haben. Die Rechtsordnung in Bezug auf Besitz wurde geändert. Ebenso die politische. Seit der Revolution sind die Institutionen verändert worden. Aber all diese kleinen und sehr feinen Machtverhältnisse in der Familie, in der Sexualität, in der Fabrik, unter den Arbeitern etc. – all diese Beziehungen sind in der Sowjetunion immer noch das, was sie auch in anderen westlichen Ländern sind. Nichts hat sich *wirklich* geändert.

/

STUDENT: In deiner jüngsten Arbeit über das Strafgesetz und das Strafvollzugssystem schreibst du über die Bedeutung von Benthams Panopticon. In *Die Ordnung des Diskurses* hast du erklärt, dass du die Effekte des psychiatrischen Diskurses auf das Strafgesetz untersuchen wirst. Ich frage mich nun, ob du Benthams Modellgefängnis als Teil des psychiatrischen Diskurses siehst oder einfach nur als Beweis dafür, wie der psychiatrische Diskurs das Strafgesetz beeinflusst hat?

FOUCAULT: Ich würde sagen, Letzteres. Zumindest glaube ich, dass Bentham dieser Art von Aspekt nicht nur eine Form gegeben hat, sondern auch einen Text. Für ihn war es wirklich eine neue Technologie der Macht, die auf Geisteserkrankungen angewandt werden konnte wie auf vieles andere auch.

STUDENT: Glaubst du, dass Benthams spezifische Arbeit an sich einen Einfluss ausgeübt hat, oder war sie nur repräsentativ für generelle Einflüsse auf den wissenschaftlichen Diskurs?

FOUCAULT: Natürlich hatte Bentham einen gewaltigen Einfluss, und man kann tatsächlich den Effekt seines direkten Einflusses feststellen. Die Art, wie in Europa und den Vereinigten Staaten Gefängnisse gebaut und verwaltet wurden, ist zum Beispiel direkt von Bentham abgeleitet.

Zu Beginn des 20. Jahrhunderts wurde in den USA – ich weiß nicht mehr, wo genau – ein bestimmtes Gefängnis, mit gewissen kleineren Modifikationen, als perfektes Modell für eine psychiatrische Anstalt gesehen. Wenn ein Traum wie Benthams Panopticon, wenn also solch ein Paranoiker einen derart enormen Einfluss ausgeübt hat, dann deshalb, weil im gleichen Moment in der gesamten Gesellschaft eine neue Technologie der Macht aufgebaut wurde. Zum Beispiel das neue System der Überwachung in der Armee, in der Schule – die Art, wie Kinder jeden Tag vom Lehrer überwacht wurden – und immer so weiter, all das passierte zur selben Zeit, und der komplette Prozess lässt sich in Benthams paranoidem Traum finden. Es ist der paranoide Traum unserer Gesellschaft, die *paranoide Wahrheit* unserer Gesellschaft.

/

STUDENT: Um auf die wechselseitigen Einflüsse zurückzukommen und deine Desillusionierung über die Aufmerksamkeit, die dem sprechenden Subjekt entgegengebracht wurde, wäre es inkorrekt, Bentham da herauszuheben? War Bentham zu der Zeit nicht von den Praktiken der Schulen, der Armeeüberwachung usw. beeinflusst? Sollten wir also nicht sagen, dass es unangebracht ist, sich per se auf Bentham zu konzentrieren, und unsere Aufmerksamkeit stattdessen auf all die Einflüsse lenken, die von der Gesellschaft ausstrahlen?

FOUCAULT: Ja.

/

STUDENT: Du sagtest, dass wir zur Arbeit verpflichtet sind. Wollen wir arbeiten? Entscheiden wir uns zu arbeiten?

FOUCAULT: Ja, wir verlangen nach Arbeit, wir wollen arbeiten, wir lieben Arbeit, aber Arbeit ist nicht unsere Essenz. Zu sagen, dass wir arbeiten wollen, ist etwas ganz anderes, als unser Wesen in Bezug auf unser Verlangen nach Arbeit zu definieren. Marx sagte, dass Arbeit das Wesen des Menschen ist. Diese Auffassung ist essenziell hegelianisch. Es ist sehr schwierig, sie in den Klassenkampf des 19. Jahrhunderts zu integrieren.

Wie du vielleicht weißt, hat Lafargue, Marx' Schwiegersohn, ein kleines Buch geschrieben, über das in marxistischen Kreisen niemand spricht. Die Nichtbeachtung von Lafargues Buch amüsiert mich. Das ihm entgegengebrachte Desinteresse ist ironisch, und mehr als ironisch – es ist symptomatisch! Er hat im 19. Jahrhundert ein Buch über die Liebe des Menschen zum Müßiggang geschrieben. Er konnte sich einfach nicht vorstellen, dass Arbeit das Wesen des Menschen ist. Zwischen Arbeit und dem Menschen gibt es keine grundlegende Beziehung.

STUDENT: Es ist etwas, das wir tun.

FOUCAULT: Was?

STUDENT: Arbeit!

FOUCAULT: Manchmal.

/

STUDENT: Könntest du das enge Verhältnis zwischen Wahnsinn und Kreativität verdeutlichen? Vielleicht mit Bezug auf Artaud? Wie können wir einen Zusammenhang herstellen zwischen Artaud, dem Wahnsinnigen, und Artaud, dem Künstler, sofern das möglich oder wünschenswert ist?

FOUCAULT: Diese Frage kann ich wirklich nicht beantworten. Ich würde sagen, die einzige Frage, die mich in diesem Zusammenhang beschäftigt, ist diese: Wie ist es möglich, dass vom Ende des 18. Jahrhunderts bis zur Gegenwart Wahnsinn für uns etwas war und immer noch ist, das wir mit Genie, Schönheit, Kunst und so weiter in Verbindung bringen? Warum haben wir diese merkwürdige Idee, dass, wenn jemand ein großartiger Künstler ist, es etwas Wahnsinniges an ihm geben muss?

Wir könnten dasselbe über Kriminalität sagen. Aber wenn jemand so etwas wie ein sehr schönes Verbrechen ausübt, denken die Leute nicht, dass er eine Art Genie sein könnte, dass da vielleicht Wahnsinn am Werk ist. Die Beziehung zwischen Wahnsinn und Kriminalität und Schönheit und Kunst und so weiter ist sehr rätselhaft. Ich glaube, wir müssen versuchen zu verstehen, warum wir diese Beziehungen als etwas sehr Evidentes wahrnehmen. Aber es gefällt mir nicht, diese Fragen direkt zu behandeln, Fragen wie: Ist der Künstler wahnsinnig? Oder: Auf welche Art sind Künstler und Kriminelle wahnsinnig? Die Vorstellung, dass diese Beziehungen evident sind, hält sich in unserer Gesellschaft. Wir behandeln diese Beziehungen als kulturell und sehr typisch.

/

STUDENT: Gestern Abend nanntest du Sartre den letzten Propheten. Du meintest, die Aufgabe des Intellektuellen sei es jetzt, die Werkzeuge und Techniken für die Analyse zu entwickeln, um die verschiedenen Arten zu verstehen, auf die sich Macht manifestiert. Aber bist du nicht ein Prophet? Sagst du nicht Ereignisse voraus oder die Art und Weise, auf die deine Ideen angewendet werden?

FOUCAULT: Ich bin Journalist. Ich interessiere mich für die Gegenwart. Ich nutze Geschichte, um zu verstehen, was jetzt mit uns geschieht.

STUDENT: Dann sagst du also, dass das, was mit den Werkzeugen und Erkenntnissen von Intellektuellen gemacht wird, nicht in ihren Zuständigkeitsbereich fällt. Suggerierst du damit, dass die Antwort auf die Frage, was mit den Werken der Intellektuellen zu tun ist, bei den Arbeitern liegt, dem Volk? Kannst du die Arten, auf die deine Werkzeuge und Analysen eingesetzt werden, antizipieren? Kannst du Wege voraussehen, auf denen sie benutzt werden könnten, die du nicht gutheißen würdest?

FOUCAULT: Nein, ich kann nichts voraussehen. Ich glaube, dass wir sehr bescheiden sein müssen in Bezug auf den eventuellen Nutzen dessen, was wir sagen und machen. Ich glaube nicht, dass es so etwas wie eine konservative oder revolutionäre Philosophie gibt. Revolution ist ein politischer Prozess, ein wirtschaftlicher Prozess. Revolution ist keine philosophische Ideologie. Und das ist wichtig. Das ist der Grund dafür, warum so etwas wie die hegelianische Philosophie eine revolutionäre Ideologie war, eine revolutionäre Methode und ein revolutionäres Werkzeug, aber eben *auch* ein konservatives.

Sieh dir Nietzsche an. Nietzsche hat wunderbare Ideen hervorgebracht, oder Werkzeuge, wenn man so will. Er wurde von den Nazionalsozialisten missbraucht. Nun benutzen ihn viele linke Denker. Wir können also nicht sicher sein, ob das, was wir sagen, revolutionär ist oder nicht.

Das ist, glaube ich, das Erste, was wir erkennen müssen. Das bedeutet nicht, dass wir einfach nur sehr schöne oder nützliche oder lustige Werkzeuge machen und dann entscheiden, welche davon wir auf den Markt werfen für den Fall, dass sie jemand kaufen oder benutzen möchte.

All das ist klar, aber es gibt da noch mehr. Wenn du versuchst, etwas zu machen – zum Beispiel eine Analyse vornehmen oder eine Theorie formulieren –, musst du genau wissen, wie es benutzt werden soll, für welche Zwecke du das Werkzeug, das du baust, nutzbar machen willst – *du* – und in welcher Beziehung deine Werkzeuge mit den anderen stehen sollen, die genau jetzt hergestellt werden. Daher glaube ich, dass die Beziehung zwischen der gegenwärtigen verbindenden Situation und dem, was du innerhalb eines theoretischen Rahmengebildes tust, wirklich wichtig ist. Du musst dir über diese Beziehung sehr im Klaren sein. Du kannst keine Werkzeuge für *irgendeinen* Zweck machen, du musst sie für *einen* Zweck machen, aber du musst dir bewusst sein, dass diese Werkzeuge vielleicht auf andere Arten benutzt werden.

Das Ideal ist, keine Werkzeuge herzustellen, sondern Bomben, denn wenn du all deine Bomben verbraucht hast, kann niemand sonst sie benutzen. Ich muss allerdings hinzufügen, dass mein Traum, mein persönlicher Traum, nicht darin besteht, wirkliche Bomben zu bauen, da ich keine Menschen töten möchte. Ich möchte Buchbomben schreiben – also Bücher, die nur in dem Moment nützlich sind, wenn sie geschrieben oder von Menschen gelesen werden. Und dann müssten sie verschwinden. Sobald sie gelesen oder benutzt wurden, verschwinden sie. Bücher sollten eine Art Bombe sein und sonst nichts. Nach der Explosion könnten die Leute daran erinnert werden, dass die Bücher einen sehr schönen Funkenregen verursacht haben. In späteren Jahren würden Historiker und andere davon berichten, dass dieses und jenes Buch als Bombe nützlich war und als Feuerwerk schön.

Okay, ich möchte mich sehr herzlich bei euch bedanken. Es hat mich sehr gefreut, hier zu sein und eure Fragen zu hören und zu beantworten. Ich fand alles, was ihr gesagt habt und über meine mangelhafte Arbeit wisst, sehr interessant und beeindruckend. Ich habe das Gefühl, dass ich die Aufmerksamkeit nicht verdiene, aber ich bin dankbar, dass ihr so viel wisst. Wie auch immer, ich würde euch alle wirklich sehr gerne wiedersehen.

SOFORT NACH DER DISKUSSION stürzte ein Professor der vergleichenden Literaturwissenschaft herbei und forderte von Foucault einen weiterführenden Kommentar zu Artaud.

»Ich kann nicht«, sagte Foucault. »Ich interessiere mich einfach nicht so besonders für Literatur.«

Derweil wieselte ein Professor für amerikanische Politik heran und gestand Foucault, dass er unbedingt ein paar neue Ideen über Kriminologie lehren wolle, aber ein derart kühner Schritt undenkbar sei. Denn was würden seine Kollegen denken, von der Verwaltung ganz zu schweigen. Er würde Fördergelder und Prestige verlieren.

Bevor Foucault auf diesen Schwachsinn antworten konnte, erblickte ich einen mächtigen Universitätsfunktionär, einen Professor für amerikanische Geschichte. Ich stellte ihm Foucault gnädigerweise vor, aber seine Hochwürden reagierte nicht auf meine Worte, stand einfach nur ausdruckslos vor dem hohen Besuch aus Frankreich und ging weiter. Seine Unhöflichkeit erstaunte mich. Ich wusste, dass er von Amerika besessen war und nur einmal das Land verlassen hatte, für einen Trip nach Paris, von wo er, wie er stolz verkündet hatte, nach zwei Tagen wieder zurück in die Vereinigten Staaten geflohen war, weil er sein Heimatland so sehr vermisste. Ich vermute, dass hinter seiner groben Reaktion auf Michel Foucault eine Mischung aus Xenophobie und Homophobie stand.

Dann trampelte ein Englischprofessor, dessen Gebaren wie eine Kreuzung aus König Georg III. und dem Baron de Charlus wirkte, über den Rasen, stellte sich vor Foucault und verlangte zu wissen, was dieser über Virginia Woolf dachte.

Foucault rief ein wenig gequält: »Keine weiteren Fragen!«

SAMBO'S

Es war sehr erlösend, von den Uni-Leuten wegzukommen. Wir trafen uns mit Mike und David. Foucault hatte nur ein paar Stunden, bis sein Flug ging. Auf dem Weg zum Ontario Airport nahmen wir ihn mit ins Sambo's, ein Café am Foothill Boulevard kurz vor der Auffahrt zum San Bernardino Freeway. Die Wände des Ladens waren verziert mit Szenen einer beliebten Geschichte über die Dschungelabenteuer einer Gruppe schwarzer Kinder. Es gab subtile, bösartige rassistische Untertöne im Dekor.

»Da das hier das anonymste Café der Stadt ist«, erklärte ich, »habe ich hier vor einigen Jahren immer Zuflucht gesucht, wenn David und ich nicht miteinander klarkamen. Ich trank Kaffee und las Proust.«

»Ein perfekter Ort, um Proust zu lesen«, sagte Foucault. »Balbec!« Sein durchtriebener Vergleich zwischen dem geschmacklosen Lokal und dem bourgeoisen Seebad, das in Prousts siebenbändigem Roman eine so bedeutende Rolle spielt, ließ meinen Kopf schwirren. Mit dieser einen Allegorie ließ mich Foucault das Wesen der Bourgoisie völlig neu verstehen.

Foucault bestellte ein Truthahn-Sandwich und ein Glas Eistee.

»Was würdest du machen, wenn du am Pariser Flughafen mit Marihuana im Gepäck erwischt wirst?«, fragte David.

»Ich würde eine Stellungnahme an das französische Volk abgeben und sagen, dass Marihuana, Haschisch und ähnliche Drogen entkriminalisiert werden sollten«, antwortete Foucault. »Ich würde auf die Absurdität hinweisen, dass Jungs wegen zwei Gramm Marihuana eingesperrt werden, während unsere Kultur Alkohol propagiert.«

Foucault reckte plötzlich den Kopf, um etwas zu beobachten, das sich am Eingang des Cafés abspielte. »Guckt euch den neuen Mercedes an, der da gerade ankommt«, sagte er. »In Europa würde man so etwas nicht sehen. Niemand, der in Europa diese Art Auto fährt, würde an einem Ort wie diesem einkehren.« Er fuhr fort: »David, hättest du gerne so ein Auto?«

»Nein, ich hätte lieber einen Porsche. Andererseits hatte ich mal einen Porsche und habe ihn verkauft, weil ich mich schlecht fühlte, einen Luxuswagen zu fahren.«

»Oh, dann hast du also eine *ethische* Entscheidung getroffen«, sagte Foucault verständnisvoll.

»So kann man das wahrscheinlich nennen.«

»Was für ein Auto hast du, Michel?«, fragte Mike.

»Einen sehr gebrauchten Renault«, antwortete er verlegen.

WIR ASSEN SCHWEIGEND unsere Sandwiches. Nach einer Weile setzte Foucault ein weiteres Gespräch in Gang.

»Schaut euch die Gäste hier an«, sagte er. »Sie sind alle gleich gekleidet, reden über dieselben Dinge auf dieselbe Art, essen dieselbe Art Essen. Warum gibt es so viel *Gleichheit* in Amerika? Das Konsumverhalten in Amerika ist so begrenzt, so homogen.«

»Gibt es Orte in Amerika, an denen für dich Differenz sichtbar wird?«, fragte Mike.

»Ja, an den Universitäten. Wenn man keine Zeit an den Universitäten verbringt, würde man annehmen, dass alle in Amerika gleich sind. Zumindest würde ein hier essender College-Student wahrscheinlich Kleidung tragen, die ihn abheben würde. Er würde sich nicht einfügen.«

»Die Universitäten in Kalifornien sind in der Defensive«, sagte ich, »wie überhaupt alle sozialen Dienstleistungen, seit Reagan der Gouverneur des Staates ist.«

»Ja, ich weiß von Reagan und dem politischen Wechsel, den er repräsentiert«, bestätigte Foucault. »Was in den Universitäten vor sich geht, ist mir derzeit äußerst rätselhaft. Was auch immer es ist, es geschieht auf der ganzen Welt. Ich glaube, dass mir eine engere Mitwirkung in Berkeley, ausgerechnet Berkeley!, erlauben wird, exakt herauszufinden, was derzeit an allen anderen Universitäten geschieht.«

Das Café befand sich genau gegenüber der Feuerwache, was Foucault zu einer Bemerkung veranlasste. »Mir ist aufgefallen, dass es in Amerika sehr viele Feuerwachen gibt. Der vorherrschende Mythos in Amerika ist Feuer, aber in Kalifornien sind es Erdbeben. Amerikaner halten wirklich an ihren Mythen fest.«

»Der Erdbebenmythos ist hier so stark, dass einige Leute glauben, Kalifornien werde vom Festland in den Pazifik brechen«, sagte Mike.

»Da Kalifornien nicht untergehen würde, wäre es keine Katastrophe«, sagte Foucault. »Im Gegenteil. Kalifornien würde zur Insel werden und Richtung China treiben. Es würde Tausende Jahren dauern, bis sie in China ankäme, aber sie würde einfach weitertreiben, und die Menschen Kaliforniens wären auf ihr und würden ihr Ding machen, separiert, in einem sehr physischen und geografischen Sinn, von den Vereinigten Staaten und dem Rest der westlichen Welt.«

»Findest du nicht, dass die Golden Gate Bridge auf dieselbe Art dem Osten zugewandt ist wie die Freiheitsstatue Europa, der Alten Welt?«, fragte jetzt Mike. »Dass die Brücke und die Statue in entgegengesetzte Richtungen blicken, wobei die Brücke das Ende und die Statue der Anfang ist?«

»Die Golden Gate Bridge sollte symbolisch verstanden werden«, entgegnete Foucault, »als etwas, das nicht von Amerika zurück nach Amerika geht, sondern sich von Amerika aus nach außen öffnen könnte.«

»Glaubst du, dass Amerikaner offener und aufgeschlossener sind, als es ihnen guttut? Machen sich die Europäer in dieser Hinsicht immer noch über die Amerikaner lustig?«, fragte Mike.

»Ja, ich habe Europäer über amerikanische Freundlichkeit spotten gehört, die amerikanische Art, ›nett‹ zu sein«, antwortete Foucault, »aber sie liegen falsch. Wir verbringen eine Menge Zeit mit Fremden, warum sie also nicht auch genießen? Wir verbringen wahrscheinlich mindestens drei Viertel unserer Zeit mit sehr kurzen Begegnungen mit anderen Menschen, mit Zufallsbegegnungen. Die amerikanische Art, sich gegenüber anderen Menschen zu verhalten, ist daher sehr wichtig. Warum im Supermarkt Unhöflichkeit mitkaufen? Sei freundlich zur Kassiererin und dem Regalauffüller! Feindseligkeit gegenüber anderen zehrt nur an der Energie, die gegen das Machtsystem gerichtet werden kann und sollte, das uns unterdrückt.«

»Vor Kurzem hat Norman Mailer in Claremont gesprochen«, sagte David, »und Simeon warf ihm vor, Aggression zu glorifizieren, vor allem männliche Aggression gegenüber Frauen. Glaubst du, Aggression ist natürlich?«

»Ich bin nicht bereit, in diesem Punkt die Naturalisten herauszufordern«, verkündete Foucault. »Aber das heißt nicht, dass wir Aggression nicht kontrollieren und auf die richtigen Dinge richten können – nicht aufeinander, sondern auf das System, das uns beherrscht. Wir müssen Aggression beseitigen, wenn sie den innigen Kontakt beeinträchtigt, der zwischen Menschen existieren sollte.«

ABFLUG

Auf dem Weg zum Flughafen sagte Foucault: »Los Angeles besitzt so viel Reichtum, so viel verblüffenden Überfluss. Die Architektur ist bemerkenswert. Und dann ist da noch die immense Größe der Stadt. Paris ist da sehr viel begrenzter. Man kann in zwei Stunden durch Paris hindurchgehen. Gibt es hier eine Künstlerkolonie – also eine mit jungen Künstlern?«

»Ja, in Venice und Santa Monica gibt es viele junge Künstler«, antwortete Michael.

»Kochst du gerne?«, fragte David.

»Ja. Warum verbringst du nicht mal ein bisschen Zeit mit mir in Paris? Ich würde sehr gerne für dich kochen«, sagte Foucault.

»Vielleicht«, antwortete David.

»Michel«, sagte ich mit flehender Stimme, »Michael und ich sind zwar erst seit einem halben Jahr zusammen, aber etwas beschäftigt mich ständig. Vielleicht kann deine Erfahrung da helfen.«

»Was ist das Problem?«

»Also, es ist irgendwie banal, aber ich fühle mich so einsam und zurückgewiesen, wenn Michael auf ein Date mit jemand anderem geht. Wahrscheinlich bin ich zu besitzergreifend.«

»Du musst eben auch jemanden finden, mit dem du ausgehen kannst«, entgegnete er.

»Schlägst du eine Art offenen Vertrag zwischen uns vor?«

»Keinen Vertrag. Die Idee eines Vertrages ist ein

Überbleibsel aus Rom«, sagte Michel. »Warum die Ehe imitieren?«

»Aber kann ich in dieser Beziehung keine Gegenseitigkeit erwarten?«, fragte ich.

»Nein, nicht in dem Sinne von ›Du gibst mir das, und ich gebe dir das Äquivalent‹.«

»Was für eine Art von Gegenseitigkeit denn dann?«

»Eine asymmetrische. Erwarte nicht zu bekommen, was du gibst.«

»Manchmal erscheint mir altmodische Paarbildung in ihrer Behaglichkeit sehr erstrebenswert.«

»Warum? Du hast den Schlüssel zum Glück.«

»Inwiefern?«

»Du bist frei. Du kannst offen sein für eine Vielzahl intensiver Beziehungen, die sich gegenseitig bereichern.«

»Wie verhält sich das zu der Idee einer Verpflichtung, die wir füreinander einanderhaben?«

»Beziehungen sollten sich vom Zentrum der Verpflichtung aus in viele verschiedene Richtungen entwickeln.«

»Ist das die Art, auf die du lebst?«

»Ich versuche es! Als mein Geliebter und ich zusammenwohnten, war unser größtes Problem das Telefon. Schließlich fanden wir zwei nebeneinanderliegende Wohnungen, die mit einer Tür verbunden sind. Endlich haben wir unsere eigenen Telefone in unseren eigenen, separaten Räumen.«

»Glaubst du, dass uns die Geschichte der Meister/Sklave-Beziehung irgendwas über heutige Beziehungen sagen kann?«, fragte ich Foucault.

»Natürlich, eine Menge«, sagte er. »Zu diesem Thema solltest du Marivaux lesen.«

»Marivaux? Der würde mir diesbezüglich nicht als Erster in den Sinn kommen«, gestand ich.

»L'Île des esclaves!«, warf Mike keck ein.

»Ja, das ist es!«, sagte Foucault. »Marivaux zeigt uns auf so hinreißende Art und Weise, wie viel Genuss der Sklave haben kann, wenn er einen guten Meister hat. Die Meister wollen Sklaven sein; sie versuchen es.«

Als Foucault in Vorbereitung seines Aufbruchs seine Sachen zusammensuchte, fragte ich ihn, was er am meisten genossen hatte, seit wir von unserem Trip hinter den Spiegeln zurückgekommen waren.

»Den Vormittag in den Bergen«, antwortete er. »Die Wanderung mit den jungen Männern im Bear Canyon fand ich ganz wunderbar.«

»Wir werden dir für deine offiziellen Verpflichtungen in Claremont einen Scheck über fünfhundert Dollar schicken«, versicherte ich Foucault.

»Aber ihr habt mir doch schon so viel gegeben«, sagte er sanft.

»Wir haben dein Honorar schon als separaten Zuschuss erhalten, dem Programm für Europäische Studien sei Dank«, sagte ich.

»Also wäre es einfach nur weggeworfenes Geld?«, bemerkte er.

»Genau.«

»Ihr lebt hier im Paradies«, sagte Foucault.

»Angesichts der widerwärtigen Politik an dieser miesen Uni könnte es für uns bald zum verlorenen Paradies werden«, entgegnete ich. »So oder so werde ich an meiner Überzeugung festhalten, dass sich die Rolle des Lehrers ändern muss. In Reaktion auf Ereignisse, deine Arbeit und meine eigene persönliche Entwicklung bin ich mittlerweile sehr mit meinen Studenten befreundet, in einigen Fällen sogar eng. Ich verberge mein Privatleben oder meine Überzeugungen nicht vor meinen Studenten befreundet, und ich versuche alles, um mein Leben mit meiner Lehre zu verbinden.«

»Ja«, entgegnete Foucault, »das ist der einzige Weg.«

»Ich würde es Griechisch nennen«, sagte ich.

»Ja«, sagte er, »es ist Griechisch.«

»Wann kehrst du nach Paris zurück?«, fragte David.

»In ein paar Wochen.«

»Direkt?«

»Nein, ich werde noch ein paar Tage in New York bleiben.«

»Gefällt dir New York?«, fuhr David fort.

»Ja, es ist die Stadt aller Städte.«

»Was gefällt dir da so sehr?«

»Man kann in New York anonym sein. Man kann sich sein Essen aus Automaten holen; man steckt einfach Geld in einen Automaten und kommt zurecht, ohne irgendwelchen menschlichen Kontakt.«

»Wohnst du in Hotels?«, fragte Mike.

»Ja, ich versuche, in Hotels zu wohnen, die einem die größtmögliche Anonymität bieten. Ich mag Hotels, die einem das Gefühl vermitteln, man könne sich überall auf der Welt befinden.«

»Wann kannst du uns wieder besuchen?«, fragte David Foucault flehend.

»Statt auf meinem Weg zurück nach Paris in New

York haltzumachen, könnte ich für zwei Tage hierherkommen. Ich würde gerne ein bisschen Zeit mit David in den Bergen verbringen.«

»Großartige Idee«, rief David begeistert. Mike und ich stimmten zu.

WIR KAMEN IN DIE WARTEHALLE, wo wir verweilten, bis der Flug ausgerufen wurde.

»Wenn du zurückkommst«, sagte ich zu Foucault, »würdest du in einem TV-Programm auftreten, das ich für den lokalen CBS-Sender mache? Es heißt *Claremont Colloquium*, und ich würde meine Reihe gerne mit einem Interview mit dir beginnen.«

Er willigte ein, wenngleich widerstrebend. »Ich werde alles tun, wenn ich dir damit helfen kann«, sagte er.

»Bist du in Frankreich oft im Fernsehen aufgetreten?«, fragte Mike.

»Die Autoritäten lassen mich nicht. Das heißt, sie lassen mich nur in eine Sendung, die sich mit irgendeinem harmlosen Thema beschäftigt, wie ein Gespräch über ein Buch oder irgendein esoterisches Thema, das mit dem Bildungsplan zu tun hat. Ich habe beides gemacht. Aber über Gefängnisse oder Politik oder irgendwas von Bedeutung zu sprechen – keine Chance. Das französische Machtsystem wacht sehr sorgsam über den Zugang zu den Medien«, sagte Foucault.

»Was hältst du vom amerikanischen Fernsehen?«, fragte Mike.

»Eine einzige Moralpredigt! Vor allem im amerikanischen Fernsehen spielen die Leute nur Rollen, um die

Menschen zu befriedigen, die ihnen zusehen. Aber es ist von der Warte aus interessant, dass es einem ein Fenster gibt zu den Problemen der Zuschauer. Ich habe vor Kurzem eine Folge einer Seifenoper gesehen, in der sich die Lady einer Gesichtsstraffung unterzog, um ihren Mann zu beeindrucken. All ihre Freundinnen versichern ihr, wie schön das Ergebnis geworden ist. Aber ihr Mann bemerkt nicht, dass irgendwas passiert ist, und sie ist am Boden zerstört!«

»Als ich Kind war, war das nicht so«, sagte Mike. »Ich bin mit *Our Miss Brooks, The Outer Limits, Verschollen zwischen fremden Welten, Gumby* und so vielen anderen Serien groß geworden. Ganz zu schweigen von den Filmen im Nachtprogramm.«

»Hast du das Gefühl, eine Rolle zu spielen, wenn du im Fernsehen bist?«, unterbrach David.

»Ja, dass ich dazu gelenkt werde, eine Rolle zu spielen. So habe ich micht gefühlt, als ich im TV mit Noam Chomsky interviewt wurde. Er ist ein sehr warmherziger Mann, aber man drängte uns dazu, Rollen einzunehmen, die zudem vollkommen inakkurat waren.«

»Also unterschätzt du die Macht der Medien nicht?«, fragte David.

»Im Gegenteil«, sagte Foucault. »Wir leben in zwei Welten: der inneren, persönlichen Welt, die aus unseren unmittelbaren, bewussten Erfahrungen besteht, und der äußeren Welt, mit der wir nicht direkt kommunizieren können. Sie wird uns über die Medien kommuniziert – die Zeitungen, das Fernsehen und so weiter. Aber sie wird auf äußerst verzerrte Art und Weise kommuniziert.«

»Zum Beispiel«, fuhr Foucault fort, »las ich vor nicht allzu langer Zeit eine Ausgabe des Magazins *Time* aus dem Jahr 1945. Ich habe die Ereignisse erlebt, die *Time* darzustellen behauptete. Aber die Ereignisse waren vollkommen von den *Time*-Redakteuren verzerrt worden. Man braucht nur das mitzuerleben, von dem die Story zu handeln vorgibt, dann die Story lesen, und man bekommt eine ganz gute Idee von den Verzerrungen. Wir müssen in der Lage sein, unsere eigenen Geschichten zu übermitteln, die Geschichten unserer Kindheit und unseres Lebens aufzuzeichnen und zu kommunizieren. So können wir die Verzerrung der äußeren Welt überwinden, die uns von den Medien aufgezwungen wird.«

»Aber wie können wir vermeiden, für unsere Geschichten so sehr auf das Fernsehen angewiesen zu sein?«, hakte Mike nach.

»Mache dir die neueste Technologie zunutze. Mit den Videorecordern und den Videokameras kannst du deine eigenen Geschichten erzeugen, deine eigenen Geschichten erzählen und sie mit deinen Freunden tauschen.«

Für den Flug hatte Foucault einen Roman von Zola dabei. Ich gab ihm Mailers *Heere aus der Nacht* und eine Kurzgeschichte von Borges, die ich aus *The New Yorker* ausgeschnitten hatte. Sie hieß ›Utopie eines müden Mannes‹.

»Michel«, sagte ich, »auf unsere gemeinsame TV-Sendung freue ich mich wirklich sehr.«

»Tatsächlich?«, sagte er in einem skeptischen Ton. »Warum?«

»Ich will, dass dich alle als Person sehen.«

»Aber ich bin keine Person«, antwortete Foucault scharf.

»Okay, dann als menschliches Wesen.«

»Das ist noch schlimmer«, sagte Foucault lachend.

Dann sah ich mit eigenen Augen, was er meinte. Als Foucault uns zum Abschied umarmte und küsste, verwandelte er sich schrittweise in die deleuzschen Werdungen: Kind, Frau, Seidenaffe, Leopard, Kristall, Orchidee, Wasserlilie, Stotterer, Nomade, Fremder, intensive Musik und schließlich, sein ultimativer Traum, der Unfassbare.

»Wir hatten sehr viel Freude miteinander«, sagte er wie aus der Ferne. Seine Augen funkelten mit dem Glanz der über dem Zabriskie Point aufgehenden Venus. Foucault molekularisierte sich in die Arme seiner Männer, dann war er weg.

SAINT MICHEL UND SEIN JÜNGER EIN ESSAY

Kai Sina

Für seine Anhänger war Michel Foucault weit mehr als nur ein Popstar. Wie weit ihre Bewunderung gehen konnte, hat die britische Schriftstellerin Patricia Duncker in ihrem Roman *Hallucinating Foucault* von 1996 ironisch ins Bild gesetzt. So befindet sich über dem Kochherd des Erzählers, eines Doktoranden der modernen französischen Literatur, ein Poster, das den von ihm bewunderten Schriftsteller Paul Michel zeigt. Paul Michel – das sind die beiden Vornamen Foucaults. Sein Abbild ist an der Wand so angebracht, dass er, »ruhig, ernst, distanziert«, das Geschehen in der Küche überblickt. Was sich in dieser Szene zwischen Geschirrschrank und Gewürzregal ereignet, darf als ein Akt der Heiligenverehrung verstanden werden. »Aus dem postmodernen Herrgottswinkel wacht Saint Michel über seine akademischen Jünger«, bemerkt in diesem Sinne der Literaturwissenschaftler Heinrich Detering, um ausgehend von Dunckers Roman eine kritische Auseinandersetzung mit der »antitheologischen Theologie« der sogenannten French Theory, ihrer Protagonisten und Anhänger zu entwickeln.

Der Befund, dass die Rezeption der postmodernen Theoretiker durch ihre Schüler bisweilen religiöse Züge annehmen konnte, ist alles andere als aus der Luft gegriffen. Eindrucksvoller als in jeder anderen mir bekannten

Quelle kommt dies in den vorliegenden Aufzeichnungen zum Ausdruck, in denen der ehemalige Assistenzprofessor Simeon Wade von seiner Begegnung mit dem französischen Starphilosophen im Frühjahr 1975 und ihrem gemeinsamen Drogentrip ins Death Valley berichtet. Sie handeln unverblümt von geistiger Erleuchtung, intellektueller Jüngerschaft und pädagogischem Eros. Nichts läge daher näher, als den Bericht über Foucault in Kalifornien nicht bloß als ein unterhaltsam-anekdotisches Stück akademischer Pulp-Literatur zu lesen, sondern auch – und zwar im durchaus engen Wortsinne – als eine Heiligenlegende.

FLUGHAFEN IN FLAMMEN

Wades Erzählung setzt ein mit einer Begebenheit, die so unwahrscheinlich ist, dass sie fast wie eine von höherer Stelle bewirkte Fügung anmutet. Wie sonst ließe es sich erklären, dass sich Foucault, auf dem Gipfel seines Ruhms und von den wichtigsten Universitäten als Redner umworben, auf eine Einladung ausgerechnet ins provinzielle Claremont einlässt? »Vor Aufregung zitternd«, schreibt Wade, habe er auf Foucaults unglaubliche Ankündigung reagiert, ihn besuchen zu wollen, um sich gleich darauf in die »absurd ausführlichen Vorbereitungen« auf seinen »großen Tag« zu stürzen. Der leibhaftige Auftritt des bewunderten Philosophen wirkt auf ihn entsprechend dramatisch: So dynamisch stürmt der Ankommende durch die elektrische Tür auf die Gepäckausgabe zu, dass man vermuten könnte, »der Flughafen stünde in Flammen«.

Gleich das erste Gespräch, das man in der sorgfältig mit gelehrten Büchern und erlesenen Kunstbänden hergerichteten Wohnung des Gastgebers und seines Partners führt, geht rasch über intellektuellen Smalltalk hinaus. Ausdrücklich als seinen »Jünger« stellt sich Wade seinem Gast vor, was dieser keineswegs mit einer höflich lächelnden Bescheidenheitsgeste zurückweist, sondern mit stiller Ernsthaftigkeit registriert: »Foucault sah mich, ohne zu antworten, einfach nur an mit seinem stählernen Blick.« Die Lektüre seiner Schriften, bekennt Jünger Simeon weiter, sei für ihn ein wahres Erweckungs- und Wandlungserlebnis gewesen, allen voran die Studie über *Wahnsinn und Gesellschaft*. Die eminente Bedeutung dieses Buches, das in den Vereinigten Staaten lange verkannt worden sei, habe sich ihm, als auserwähltem Leser erster Stunde, unmittelbar erschlossen. Tiefgreifender noch bekennt er: »Es hat mein Leben verändert!«

IN DEN BUNTEN BERGEN

Im Zentrum von Wades Bericht steht der gemeinsame Besuch im Death Valley. Dienen soll er der gemeinsamen »Visionssuche«, darauf einigt man sich bereits auf der Autofahrt. Ein »sehr mächtiges Elixier« in Verbindung mit dem »magischen Effekt« der Wüstenlandschaft werde sie in den erhofften Zustand versetzen, ja, zum »elementaren Kern« des Unbewussten führen. Angekommen in der sogenannten Artist's Palette, einer bunt gescheckten Gebirgsformation, sind bereits alle Requisiten zur Hand, um die spirituelle Reise anzutreten. Religionsgeschichtlich betrachtet ist die Wüste dafür der einschlägige Ort. Aufgerufen ist mit dem Motiv nicht allein die Wüstenwanderung der Kinder Israels unter der Führung des Gottes JHWH. Evoziert werden auch die vierzig Tage, die Jesus Christus, geprüft durch die Macht des Teufels, in der Wüste verbringen muss. Älteste Erzählungen der Menschheitsgeschichte verbinden sich in Wades Ausführungen mit kalifornischem Psychokult, schamanistisch anmutenden Ritualen und vor allem stärksten Halluzinogenen, namentlich: LSD.

Für den französischen Besucher erweist sich das Wüstenerlebnis als große Umkehr. Er habe in dieser Nacht eine neue Perspektive auf sich gewonnen, erklärt er hinterher bewegt, und ganz ohne Zweifel werde dies bedeutsame Auswirkungen auf seine künftige Arbeit haben. Rein kognitiv oder intellektuell ist dieser Kairós-Moment allerdings nicht zu verstehen. Berichtet wird vielmehr von einer Erfahrung der »unvorstellbaren Synästhesie«, zu der auch die auf Tonträgern mitgebrachte und nun zwischen Felsklüften widerhallende Musik von Richard Strauss und Karlheinz Stockhausen gehört. Beschworen wird eine »transzendente Übereinstimmung von Ort, Stimmung und Musik«, und damit ist das wohl entscheidende Stichwort genannt: Zwangsläufig entzieht sich die Erfahrung von Transzendenz, die Begegnung mit dem Absoluten und Numinosen, der Festlegung durch profane Begrifflichkeiten. »Die größte Erfahrung meines Lebens«, von der Foucault nach der Rückkehr spricht – sie geht in einer rein sprachlichen Beschreibung nicht auf.

Daraus wiederum folgt, dass aus dem Jünger nunmehr ein Zeuge und Prophet wird, der uns, der Nachwelt, von jenem folgenreichen Geschehen berichtet. Seinem Namen, der auf den Propheten Simeon im Lukasevangelium verweist, macht er damit alle Ehre, und selbst das Verkanntwerden, von dem Heather Dundas in ihrem Vorwort zum vorliegenden Buch berichtet, fügt sich in den legendarischen Horizont der Erzählung. Die Zurückweisung durch die akademische Öffentlichkeit, von der Wade eindrücklich berichtet, und sein Leben als moderner Eremit sind das Kreuz, das er zu tragen hat. Dundas schildert dies auch bezogen auf ihre eigenen Vorurteile und deren Überwindung: Als »komplett absurd«, sogar als etwas »Verächtliches« erschien ihr die kursierende Geschichte über Foucaults Wüstentrip, bevor sie Wade getroffen und sein Manuskript gelesen habe. Eine Umkehr auch dies: Sie war blind, aber nun kann sie sehen.

EIN GEWÖHNLICHER MANN

Im Verhältnis zwischen Schüler und Lehrer, Jünger und Meister spielt die Homoerotik eine durchgehend bestimmende Rolle. Sie tut es zunächst – und zwar explizit – als Gegenstand der philosophischen, sprachkritischen, biografischen und kulturellen Reflexionen. So äußert sich Foucault beispielsweise über die kalifornische Sensibilität und Liberalität im Umgang mit sexualitätsbezogenen Zuschreibungen, die sich für ihn von den europäischen Ressentiments und Sprechkonventionen erfreulich abhebe: »Es gibt hier eine Freiheit im Reden über Homosexualität. Das Wort ist nicht abwertend. Die Sache wird nicht mit Perversion assoziiert.« An Stellen wie diesen erweist sich *Foucault in Kalifornien* als ein im engeren Sinne transatlantisches Buch, das von der wechselseitigen Konfrontation europäischer und amerikanischer Fremd- und Selbstbilder berichtet.

So reizvoll es wäre, diesem Aspekt weiter zu folgen, ist für meine Lektüre ein anderer, eher impliziter Aspekt wesentlicher: nämlich das Verhältnis des Jüngers zu seinem Meister, das von Beginn an von homoerotischem Begehren gekennzeichnet ist. Dies spiegelt sich zunächst in Äußerungen über den schönen, anziehenden Körper des Philosophen: »Der weiße Rollkragenpullover, den Foucault unter einem offenen Madras-Jackett trug, verriet einen kraftvollen Oberkörper mit wohldefinierten Konturen. Seine weißen Schlaghosen schmiegten sich eng um seine Hüften und Oberschenkel.« Darüber hinaus äußert es sich in einer tiefen emotionalen und geistigen Verbundenheit, die Simeon ausdrücklich mit dem Wort der ›Liebe‹ belegt: »Michel, so viele von uns hier lieben dich. Du spürst sicher, wie dankbar wir für deine Arbeit sind und die Erleuchtung, die du uns gebracht hast.« Liest man Sätze wie diese, erkennt man unmittelbar, auf welches Rezeptionsmuster David M. Halperin mit dem Titel seiner Monografie von 1995 zumindest unter der Hand anspielt: *Saint Foucault. Towards a Gay Hagiography.*

In dieses Bild fügt sich außerdem das selektionslose Interesse, das Wade Foucault entgegenbringt. Schlichtweg alles an seinem Gast ist für ihn von Interesse, von den prägenden Lektüreerfahrungen über das Verhältnis zu den prominenten Kollegen am Collège de France bis hin zu den sportlichen Routinen, die ihn »in so guter Form« halten. Der Befragte antwortet seinerseits meist aufgeschlossen, wenn auch eher knapp und bisweilen nur in Sentenzen. Damit entspricht sein Verhalten dem, was Friedrich Nietzsche in späten Schriften als »Pathos der Distanz« beschrieben hat. Er meint damit »ein Gefühl der Rangverschiedenheit«, das mit dem »Willen sich abzuheben« einhergeht. Es ist dieses von Nietzsche beschriebene Hierarchieverhalten, das Simeon als ›Charisma‹ oder ›Autorität‹ zu deuten scheint – und dem seine Verehrung spiegelbildlich exakt entspricht.

Momente von unfreiwilliger Komik gibt es dabei zumindest punktuell, etwa wenn Foucault sich anbietet, beim Holzhacken behilflich zu sein, und dies gegenüber seinen verblüfften Anhängern mit den fast jesuanisch klingenden Worten kommentiert: »Aber ich bin ein ganz gewöhnlicher Mann.« Der Versuch, die eigene Exzeptionalität durch ihre explizite Verneinung zu unterstreichen, ist so durchsichtig, dass es schon wieder lustig ist. Signale der Ironie allerdings, die auf eine spielerische Unverbindlichkeit oder relativierende Brechung hindeuteten, kann ich in Wades Darstellung nicht erkennen.

VIEL ZU APOKALYPTISCH

In ihrem Vorwort schlägt Heather Dundas vor, das Transzendenzerlebnis im Death Valley als »Verkörperung« einiger Konzepte im Spätwerk Foucaults zu interpretieren, namentlich seiner Reflexionen über die »Freundschaft als Lebensform«, die ihrerseits im Zusammenhang stehen mit seinem Entwurf einer »Ästhetik der Existenz«. Diese Einordnung überzeugt auf den ersten Blick. Und doch ist damit nur eine, nämlich die von 1975 aus gesehen zukünftige Denkentwicklung berücksichtigt. Blickt man dagegen werkgeschichtlich einige Jahre zurück, tun sich eher Widersprüche auf. Schließlich war es eben jener Michel Foucault, der 1968 seinen wirkmächtigen Aufsatz »Was ist ein Autor?« mit der lapidaren Frage beendete: »Wen kümmert's, wer spricht?« Nach der Lektüre der Aufzeichnungen Wades wirkt diese achselzuckende Geste unweigerlich kokett. Ebenso verhält es sich mit der prophetisch-pathetischen Ankündigung vom Verschwinden des abendländischen Subjekts »wie am Meeresufer ein Gesicht im Sand« in der *Ordnung der Dinge* von 1966. Wie lässt es sich erklären, dass gerade jenes Subjekt, das diesen Satz einst formuliert hat, zu einer akademischen Heiligenfigur werden konnte – und zwar, wie man bei Wade lesen kann, durchaus nicht gegen seinen Willen?

Auflösen lassen sich diese Widersprüche nicht, und es ist vielleicht auch gar nicht nötig. Was sich in ihnen offenbart, ist ja vielmehr naheliegend: Nach seinen intellektuellen Prinzipien zu leben, sein Denken gradlinig in die Tat umzusetzen, wie auch immer dies konkret hätte aussehen können – dazu war selbst Foucault nicht oder zumindest nicht durchgehend in der Lage. Damit vollzieht er performativ, was nahezu zeitgleich, im Jahr 1981, der Philosoph Odo Marquard als den »Abschied vom Prinzipiellen« bezeichnet hat: den Abschied von einem Denken, das seine konsequente Umsetzung im Handeln und Leben des Denkenden erfährt. Foucaults Zweifel, von denen Wade zumindest an einzelnen Stellen berichtet, bestätigen diesen Eindruck: Seine These vom »Verschwinden des Menschen«, räumt Foucault nun ein, sei möglicherweise »viel zu apokalyptisch« gedacht. Auch in dieser Hinsicht bedeutet sein grundschürfendes kalifornisches Erlebnis vielleicht eine Wende – nämlich eine Wende zur Skepsis. Für ein nüchterneres, abwägenderes, letztlich auch demokratischeres Bild vom Menschen und Denker Michel Foucault könnte dies ein guter Ansatzpunkt sein.

Inhalt

Aus Verantwortung für die Umwelt hat sich der *Verlag Kiepenheuer & Witsch* zu einer nachhaltigen Buchproduktion verpflichtet. Der bewusste Umgang mit unseren Ressourcen, der Schutz unseres Klimas und der Natur gehören zu unseren obersten Unternehmenszielen.

Gemeinsam mit unseren Partnern und Lieferanten setzen wir uns für eine klimaneutrale Buchproduktion ein, die den Erwerb von Klimazertifikaten zur Kompensation des CO_2-Ausstoßes einschließt.

Weitere Informationen finden Sie unter:
www.klimaneutralerverlag.de

2. Auflage 2022

Titel der Originalausgabe Foucault in California

Die Originalausgabe erschien 2019 bei Heyday Books, Berkeley, CA

Aus dem Englischen von Tino Hanekamp

Covergestaltung Barbara Thoben Köln,
nach dem Originalumschlag von Heyday Books
Covermotiv Umschlagvorderseite: © Bruce Jackson; © Shutterstock;
Umschlagrückseite: © David Wade
Gesetzt aus der Adobe Caslon und der Futura
Satz Buch-Werkstatt GmbH, Bad Aibling
Druck und Bindung CPI books GmbH, Leck
ISBN 978-3-462-05443-9